DE LA TUTELLE

DES IMPUBÈRES,

ET DE LA

TUTELLE DES FEMMES,

EN DROIT ROMAIN,

PAR C. VERGÉ,

AVOCAT A LA COUR ROYALE DE PARIS

PARIS,

IMPRIMERIE DE RIGNOUX ET Cⁱᵉ,

RUE DES FRANCS-BOURGEOIS-S.-MICHEL, Nᵒ 8.

1833.

FONTES JURIS.

G AJI (1) Institutiones. Comm. I, 142-200.
D. ULPIANI Fragmenta. XI. XII.
PAULI Sententiæ, lib. II, tit. 27.
Institutiones Justinianææ, lib. I, tit. 13-15; 17-26.
Pandectæ Justinianææ, lib. XXVI, XXVII.
Codex, lib. V, 28-75.
Novella. 72.

Litteratura juris.

HUGO DONELLUS. Commentarius, de Jure civili.
Lucæ, 1762.

JAC. CUJACCIUS, ad tit. XXVI, XXVII Digest.
Lutet.-Paris., 1658.

JOH. VOET, ad tit. XXVI, XXVII Digest. Coloniæ-
Allobrogum, 1778.

ARNOLD. VINNIUS. Notæ in quatuor Libros Inst.
Parisiis, 1698.

GERARDUS NOODT. Commentarius ad Pandectas,
tit. XXVI, XXVII. Coloniæ-Agrippinæ, 1732.

---

(1) Quintilien (Inst. Orat., lib. I, cap. 7) prétend que
Gajus s'écrit avec un *C*, et se prononce comme s'il y avait un *G*.
Néanmoins ce nom venant du grec et commençant dans la langue
grecque par un γαμμα, nous avons cru devoir suivre l'exemple
des Allemands, qui écrivent Gajus et non Cajus.

FONTES JURIS.

Gaji (1) Institutiones. Comm. I, 142-200.

D. Ulpiani Fragmenta. XI. XII.

Pauli Sententiæ, lib. II, tit. 27.

Institutiones Justinianææ, lib. I, tit. 13-15; 17-26.

Pandectæ Justinianææ, lib. XXVI, XXVII.

Codex, lib. V, 28-75.

Novella. 72.

Litteratura juris.

Hugo Donellus. Commentarius, de Jure civili. Lucæ, 1762.

Jac. Cujaccius, ad tit. XXVI, XXVII Digest. Lutet.-Paris., 1658.

Joh. Voet, ad tit. XXVI, XXVII Digest. Coloniæ-Allobrogum, 1778.

Arnold. Vinnius. Notæ in quatuor Libros Iust. Parisiis, 1698.

Gerardus Noodt. Commentarius ad Pandectas, tit. XXVI, XXVII. Coloniæ-Agrippinæ, 1732.

---

(1) Quintilien (Inst. Orat., lib. I, cap. 7) prétend que Gajus s'écrit avec un *C*, et se prononce comme s'il y avait un *G*. Néanmoins ce nom venant du grec et commençant dans la langue grecque par un γαμμα, nous avons cru devoir suivre l'exemple des Allemands, qui écrivent Gajus et non Cajus. .

Heineccius. De suprema principum magistratum-
que tutela.

Braun. De tutela testamentaria, ex jure tam publico
quam privato. Arg., 1760.

Roeder. Symbola ad jus tutelæ testamentariæ col
lata. Cob., 1772.

Haubold. De tutore incerto.

Wicherlink. De cura prodigorum. Lugduni-Batav.,
1821.

Jo. G. L. B. Seger. Historia juris romani liberæ rei-
publicæ, de tutelis et curationibus. Lips., 1760.

Christ. Gottl. Haubold, Jo. Gottlieb. Heineccii
Antiquitatum romanarum Jurisprudentiam illustran-
tium, Syntagma secundum ordinem Institutionum
Justiniani digestum. Francofurti-ad-Mænium, 1822.

C. I. Van Assen. Adnotatio ad institutionum Gaji
commentarios. Lugd.-Bat., 1826.

Pothier. Pandectæ Justinianææ in novum ordinem
digestæ. Edit. Latruffe. Paris, 1821.

Christianus Fridericus Mulhenbruch. Doctrina
Pandectarum. Edit. tert., vol. III.

E. Von Lohr. Magazin für Rechtswissenschaft und
Gesetzgebung, dritter Band.

S. W. Zimmern. Geschichte des rœmischen privat-
rechts. Erster Band.

A. F. G. Thibaut. System des Pandecten-Rechts,
siebente Ausgabe, erster Band.

Ferdinand Mackeldey. Lehrbuch des heutigen rœmischen Rechts, achte Ausgabe. Zweiter Band.

Goeschen. Grundriss zu Pandecten-Vorlesungen.

J. N. V. Wening-Ingenheim. Lehrbuch des Gemeinen civilrechtes. Vierte Auflage, dritter Band.

Heinrich Eduard Dirksen. Uebersicht des bisherigen Versuche zur Kritik und Herstellung des textes des Zwôlf-Tafel-Fragmente.

Brockdorf. Die Institutionen Commentare des Gajus.

E. Schrader. Was gewinnt die rœmische Rechtsgeschichte durch Gajus Institutionen.

D. Friederich Carl Von Savigny. Von Beruf unsrer Zeit für Gesetzgebung und Rechtswissenschaft (1). Zweite Auflage, (Seite 101).
Gans. Vierte Scholie.

G. Hugo. Histoire du Droit romain, traduite par Jourdan et Poncelet.

Du Caurroy de Lacroix. Institutes de Justinien nouvellement expliquées, titre XIII et suiv.

---

(1) Cet ouvrage, un des pamphlets les plus éloquens de l'école historique allemande, contre les partisans du système de la codification, a été traduit par un jeune Français, M. Müntz, parent et élève du célèbre Hugo, et doit paraître prochainement.

DE LA TUTELLE.

PREMIÈRE PARTIE.

DE LA TUTELLE DES IMPUBÈRES.

CHAPITRE PREMIER.

Notions générales.

Toute législation puise les matériaux dont elle se compose dans un droit conventionnel, *jus civile*, modelé sur les exigences de la société civile qu'elle est appelée à régir, et dans le Droit naturel ou des gens, *Jus naturale aut gentium* : « Omnes populi qui legibus et moribus reguntur, partim suo proprio, partim communi omnium hominum Jure utuntur. » (Gaj., *Com.*, I, 1; *Inst.* I, 2, 1.) Parmi les institutions qui dérivent de cette dernière source, il n'en est pas dont l'existence aussi constante et aussi généralement établie

que celle de la tutelle et de la curatelle (1).
« Impuberes quidem in tutela esse omnium
civitatum jure contingit; quia id naturali ra-
tione conveniens est, ut is qui perfectæ ætatis
non sit, alterius tutela regatur. » (Gaj., Com. I.,
186; Selden, de Uxore; Hebr. II, 3. Puffend.,
Jur. nat. et gent. IV.) Chez les Romains nous
voyons déjà, sous les rois, un exemple de tutelle
d'impubère. Au rapport de Tite-Live (I, 46),
Ancus Marcius donna pour tuteur à ses enfans,
L. Tarquinius Priscus. Mais si l'antiquité et la gé-
néralité de l'institution de la tutelle sont certaines, nous ne saurions toutefois affirmer qu'elle
ait été interprétée à toutes les époques de la
même manière, et que le pouvoir protecteur
qui lui est départi se soit constamment inféodé
aux mêmes intérêts.

Les principes consignés dans nos Codes nous
ont habitués à considérer la tutelle et la cura-
ratelle comme destinées à protéger, d'une manière exclusive et quelquefois même au détriment des majeurs, le patrimoine des personnes
que leur âge ou un état de faiblesse, soit physi-

----

(1) Les Allemands réunissent sous la seule expression
de *Vormundschaft*, les idées que notre langue ne peut
rendre que par les deux mots de *tutelle* et *curatelle*.

que, soit mentale, empêchent de veiller à leur propre défense. Nous avons, il est vrai, à l'appui de cette opinion appliquée au Droit romain, les derniers monumens législatifs de Justinien; mais en remontant au berceau de Rome, en interrogeant la loi des XII Tables, les fragmens des anciens jurisconsultes, et surtout l'esprit de la vieille constitution romaine, nous sommes amenés à reconnaître qu'une révolution complète s'est opérée, et que dans les premiers temps un intérêt de famille, soutenu par les vues politiques du législateur, domina l'institution de la tutelle et de la curatelle, en fit un droit personnel au tuteur, créé dans son seul intérêt : « Eaque omnia, dit Gajus (Com. I, 192), après avoir énuméré les actes pour lesquels l'intervention du tuteur était requise, patronorum et parentum causa constituta sunt, ut, quia ad eos intestatorum mortuorum hæreditates pertinent, neque per testamentum excludantur ab hæreditate, neque alienatis pretiosioribus rebus susceptoque ære alieno minus locuples ad eos hæreditas perveniat. »

Le système que nous adoptons n'est pas nouveau, et quoiqu'il ait échappé à plusieurs jurisconsultes, Hugo, dans son histoire du Droit romain, Von Lohr et Ingenheim en ont fait ressortir la justesse, et par des citations décisives et des raisonnemens non moins péremptoires.

L'établissement du cens avait constitué à Rome une aristocratie de fortune, et l'influence des riches s'était formulée dans les lois elles-mêmes. Un patrimoine une fois constitué dans une famille, il fallait l'y conserver, et l'intérêt de l'État et les vues particulières des premiers fonctionnaires de la république devaient tendre à ce but. Aussi vit-on s'établir un droit de succession, *jus hereditatum*, basé sur les rapports de famille, et qui mettait obstacle à la libre disposition des biens de chacun par voie testamentaire. Avant la loi des XII Tables on ne connaissait que deux manières de tester, *in comitiis calatis*, c'est-à-dire par l'intervention législative, et *in procinctu*. Ce dernier mode était plutôt une exception introduite en faveur des militaires qu'un second principe général. Les Décemvirs modifièrent la rigueur du droit ancien pour ce qui concerne les dispositions testamentaires; mais il n'en fut pas de même pour la tutelle.

Il est impossible, en comparant la tutelle et la curatelle au droit de puissance paternelle et au droit de puissance maritale, de ne pas être frappé de l'analogie qui existe entre eux; les termes employés par le législateur sont les mêmes, toutes ces matières ont été traitées sous une seule rubrique. Ainsi les mots *potestas* et *manus* reviennent continuellement au chapitre de la tutelle. Dans la loi des XII Tab. (auctor ad Heren. I, 13) il est dit : « Si furiosus existat, agnatorum gentiliumque in eo pecuniave ejus potestas esto. » Dans la définition de la tutelle par Servius : « Tutela est vis ac potestas in capite libero. » Dans un autre passage encore : « Majores nostri, nullamve privatam quidam rem agere fœminas sine auctore, voluerunt; in manu esse parentum fratrum virorum. » Il y a plus encore : la tutelle et la curatelle sont rangées au chapitre des droits de famille, où est développée toute la théorie de la *potestas*, et non au chapitre des rapports que la loi fait découler de la parenté.

Une analyse succincte des dispositions qui concernent la tutelle et la curatelle mettra plus de clarté dans notre exposition; et d'abord, de la tutelle.

Il est constant que les femmes n'avaient de tuteur qu'autant qu'il se trouvait des parens appelés par la loi à recueillir leur héritage; d'un autre côté, les impubères, au témoignage de la loi des XII Tables, étaient dans la même position, si le père de famille n'avait pas constitué de tutelle dans son testament; à défaut d'héritier et de tuteur testamentaire, ou bien encore si les héritiers étaient des *gentiles*, la femme et l'impubère restaient livrés à eux-mêmes jusqu'à la loi Atilia. Cette loi créa la tutelle dative; il résulte évidemment de son préambule que les tuteurs datifs lui doivent leur institution : «Lex Atilia jubet mulieribus pupillisve non habentibus tutores dari a prætore, et majori parte tribunorum plebis, quos tutores Atilianos appellemus.» (Ulpian IX, 18; *Inst. I*, 20. *Pr.*) Cette première preuve est confirmée par la loi Julia et Titia qui étend aux provinces la disposition précédente, originairement applicable à Rome seule; enfin par les Sénatus-consultes et les Constitutions qui conférèrent à certains magistrats le droit de nommer au tuteur. La tutelle dative entra si peu dans la conception première du système de la tutelle, qu'on admit cet axiome, que la *tutoris datio* ne pouvait pas être considérée comme une dérivation de la *jurisdictio*, mais comme une concession spéciale : «Tutoris datio neque imperii est, neque jurisdictionis, sed ei soli competit, cui nominatim hoc dedit vel lex vel senatusconsultum vel princeps.» (ff. 26, 1 fr. 6, 2.) Est-il possible, en présence d'un texte aussi formel, de supposer la

(13)

dation d'un tuteur par le magistrat, antérieure
à l'existence d'une pareille concession ?

D'un autre côté, si nous considérons un ins-
tant quelles personnes furent dans l'origine appelées par la loi à la tutelle, nous reconnaî-
trons, par l'impossibilité où elles étaient de protéger le pupille, que l'intérêt de ce dernier n'a
pu être le motif déterminant du législateur.
Cette remarque s'applique notamment à la tutelle légitime, *tutela legitima.* Un furieux, *furiosus*, un impubère pouvaient être *legitimi tutores.* Deux passages d'Ulpien (XI, 20, 21), et un
paragraphe des Institutes de Justinien (I, 25,
13), démontrent cette assertion jusqu'à la dernière évidence. Ulpien s'exprime ainsi : « Ex lege
Julia de maritandis ordinibus tutor datur a prætore urbis ei mulieri virginive, quam ex hac
ipsa lege nubere oportet, ad dotem dandam,
dicendam, promittendamve, si legitimum tutorem pupillum habeat sed..... — Præterea etiam
in locum muti furiosive tutoris, alterum dandum
esse tutorem ad dotem constituendam senatus
censuit.» Aux Institutes il est dit : «Minores autem viginti quinque annis olim quidem excusa-
bantur. » Gajus (*Comm.*, I. 178) confirme le
témoignage d'Ulpien : «Nam et lege Julia de maritandis ordinibus, ei quæ in legitima tutela pu-

pilli sit permittitur dotis constitu endæ gratia a prætore urbano tutorem petere.» (1) Quelle était alors la position du pupille si le furieux ou le mineur sous la dépendance duquel il se trouvait, était seul son plus proche héritier? La protection qu'il avait à attendre d'une personne, elle-même incapable de veiller sur ses propres intérêts, était de nature à le tranquilliser sur l'efficacité de la tutelle!

Les attributions des tuteurs, l'étendue de leur *veto* ne sauraient se concilier avec le système ordinaire de la tutelle. Il est constant que dans le cas de tutelle légitime les femmes et les pupilles avaient besoin, pour compléter leur capacité, de l'*auctoritas* de tous les tuteurs: «Nihil potest de tutela legitima sine omnium tutorum auctoritate deminui. — Si plures sunt tutores, omnes in omni re debent auctoritatem accommodare, præter eos qui testamento dati sunt.» (Cic., pro Flacco, c. 34. —Ulp., XI, 26. — ff. 26, 8, fr. 4; 7, 1; — C. 5, 59. —) Ainsi la conclusion d'affaires pour lesquelles l'*auctoritas* était requise, dépendait de la capacité ou du bon vouloir de l'un d'eux; l'intérêt du pupille ne venait qu'en seconde ligne. Sous les empe-

---

(1) *V.* encore *ibid.*, Com. I, 179, 180, 181.

reurs seulement, quand les anciens principes s'altérèrent, plusieurs Sénatus-consultes intervinrent, par lesquels la nomination d'un autre tuteur fut permise pour les cas où le tuteur légitime ne pourrait donner son *auctoritas*. (Ulp. XI, 20, 21, 22, 23. — ff. 26, 1, fr. 17.)

Le *tutor testamentarius*, au dire d'Ulpien (XI), avait le droit de renoncer à la tutelle qui lui était déférée..... « Tutor testamento datus..... si abdicaverit se tutela, desinit esse tutor. Abdicare autem est dicere nolle se tutorem esse. » Le *tutor legitimus* était libre d'opérer la cession de son droit : « Legitimi tutores alii tutelam in jure cedere possunt (Ulp., XI, 6); ..... Nam et legitimus in jure cedere potest (Ulp., XI, 17); ..... Permissum est fœminarum tutelam alii in jure cedere » (Gaj., Com. I, 168); droit que, du reste, il perdait comme tout autre droit de famille, par la *capitis deminutio minima*.

Enfin, la loi Julia et Papia Pôppea contient une disposition qui serait inexplicable, ou plutôt d'une absurdité évidente, si l'intérêt des pupilles et de la femme avait servi de base à l'institution de la tutelle. Par suite de cette disposition, la mère de famille qui avait donné le jour à trois ou à quatre enfans, était affranchie de la tutelle (Ulp., XXIX, 3.—Fr. Vet., juris consulti, § 15, 17). Comment concevoir qu'un bénéfice de la loi soit retiré au moment même où ceux qui en jouissent ont mérité d'être traités d'une manière plus favorable encore? La tutelle était une charge imposée à la femme aussi bien qu'aux pupilles; cette charge cessait en vertu du *jus liberorum*, et par le défaut d'intérêt des parens auxquels la présence de plusieurs enfans ôtait l'espoir d'une succession à recueillir (1).

Ce que nous avons à dire sur la curatelle est moins péremptoire, tant à cause du rôle secondaire que cette institution jouait par rapport à la tutelle, que par cette seconde considération, à savoir, qu'il importe de reconnaître l'existence de certaines curatelles établies dans un intérêt autre que celui du curateur. On ne peut affirmer que toutes les curatelles aient eu en vue l'intérêt des curateurs; seulement il paraît probable que les curatelles les plus anciennes, comme la curatelle du furieux, *furiosus*, la curatelle des prodigues, *prodigus*, étaient déférées sous l'influence des idées qui dominaient la tutelle

____

(1) Le privilége créé par la loi des XII Tab., en faveur du Testateur, nous offrirait un argument semblable.

(ff. 27, 10 Fr. 13); mais que, quant aux autres, elles ne peuvent être considérées comme des droits découlant des relations de parenté, et appartenant à ce titre au curateur.

CHAPITRE II.

Des différentes manières dont la Tutelle s'établit.

La tutelle tire son origine ou de la volonté du père de famille, *tutela testamentaria,* ou de la loi, *tutela legitima,* ou du choix du magistrat, *tutela dativa* (1).

SECTION I.

De la Tutelle déférée par testament.

Inst. I, 14, *qui testam. tut. dari pos.*
Dig. XXVI, 2, *de testam. tut.*
Cod. V, 28, *de testam. tut.*

Le droit du père de famille de nommer par testament un tuteur à ses enfans, remonte aux

______

(1) Quelques auteurs, notamment Thibaut, admettent une quatrième espèce de tutelle qu'ils désignent par le nom de contractuelle, *pactitia.* Malgré les savantes dissertations de J. G. Bauer (*de Tutela pactitia Romanis non incognita*), de Heineccius (*de Tutela pactitia seu conventionali*), l'opinion de ces jurisconsultes ne m'a pas paru admissible.

2

premiers temps de Rome, et concorde parfaitement avec l'étendue du droit de puissance paternelle ; toutefois il ne fut formellement consacré que par la loi des XII Tables : «Paterfamilias uti legassit super pecunia tutelave suæ rei, ita jus esto. »

La faculté de nommer un tuteur par acte de dernière volonté est exclusivement attribuée au *paterfamilias ;* encore faut-il que ses enfans soient immédiatement sous sa puissance, et deviennent *sui juris* par sa mort, mais non pas avant. Son droit de pourvoir à la tutelle s'étend sur les posthumes : « Cum autem in compluribus aliis causis posthumi pro jam natis habentur, et in hac causa placuit non minus posthumis quam jam natis testamento tutores dari posse; si modo in ea causa sint ut, si vivis parentibus nascerentur, sui et in potestate eorum fierent. » (*Inst.* I, 13, 4.—Gaj. I, 147.)

Pour être valable, la nomination du tuteur doit être consignée dans un testament ou dans un codicille, *testamento confirmatus ;* peu importe du reste que cette nomination soit conditionnelle ou non, *ex die* ou *ad diem,* subordonnée à une restriction quelconque, ou pure et simple. La nullité de l'acte de dernière volonté entraîne celle de la nomination du tuteur.

Il est nécessaire que le testateur ait la *testamenti factio* avec le tuteur ; que, de plus, le tuteur soit, dès l'époque même de son institution, une personne certaine, *persona certa,* apte à succéder, et *civis romanus ;* les latins, « Juniani cum iis quidem esset testamenti factio, tutores tamen dari non poterant per legem Juniam (1). »

Un tuteur testamentaire nommé par une personne compétente, dans les formes voulues par la loi, était dit *tutor recte datus* (2) ; il acquérait le *jus tutelæ ipso jure,* sans que la confirmation du magistrat fût nécessaire, et n'était tenu de fournir aucune caution, *satisdatio.*

La tutelle testamentaire ne peut pas avoir pour but seulement quelques opérations isolées.

Des règles d'interprétation ont été tracées dans le but d'apprécier les expressions employées par le père de famille pour désigner quels sont les enfants dont il veut confier la tutelle au tuteur institué ; le mot de *liberi* désigne tous les enfants

---

(1) La législation de Justinien a effacé toute différence entre les *latini Juniani* et les *cives romani.*

(2) Les conditions requises pour la validité de la tutelle testamentaire se résument ainsi : « Sunt quidam dati recte tutores secundum testamenta, id est, a quibus oportet et quibus oportet, et quomodo oportet, et ubi oportet.» (ff. 26, 3 ; fr. 1, 1.)

du premier degré; le mot de *posthumi*, les posthumes de tous les degrés. En cas de doute,
l'acception la plus étendue sera préférée.

Il résultait des principes du Droit romain que
la tutelle testamentaire, avec tous les effets qui lui
sont propres, n'avait pas lieu lorsque la personne
qui avait nommé le tuteur n'exercait pas son droit
de puissance paternelle sur l'enfant, ou si celui
a qui appartenait réellement ce *jus potestatis* n'a-
vait pas consigné son choix dans un testament
ou un codicille, *testamento confirmatus*.

Cependant la législation nouvelle enjoint, dans
beaucoup de cas, au magistrat, de confirmer,
tantôt purement et simplement, tantôt après une
enquête préalable, *prævia inquisitione*, tantôt
après qu'il a fourni caution, *cum satisdatione*, le
tuteur *non recte datus*. Cette innovation a eu pour
conséquence de créer une *tutela testamentaria
perfecta*, *tutela plena*, une tutelle testamentaire
proprement dite et une *tutela testamentaria non
perfecta*, *minus plena*, *seu impropria*, une tutelle
testamentaire incomplète, c'est-à-dire une tutelle
pour la délation de laquelle toutes les exigences de la loi n'ont pas été strictement satis-
faites.

SECTION II.

De la Tutelle légitime (1).

Inst. 1, 15, *de legit. agnat. tut.*; 17, *de legit. patron. tut.*;
18, *de legit. parent. tut.*; 19, *de fid. tutel.*
Dig. XXVI, 4, *de legit. tutor.*
Cod. V, 5, *de legit. tutel.*
Nov. 118, 5.

Le nouveau système de tutelle légitime a pour base ce principe : « Ubi successionis est emolumentum ibi et tutelæ onus esse debet; — Quo tutela redit eo hereditas pervenit. »

S'il se rencontre plusieurs parens du même degré, ils viennent tous concurremment à la tutelle, sans toutefois primer la mère et la grand'mère qui ont un droit de préférence sur les collatéraux.

Dans le cas d'incapacité absolue et perpétuelle de la part du parent le plus proche, la tutelle passe à celui du degré suivant. Si l'empêchement n'est que momentané, le magistrat nomme un tuteur temporaire.

Le tuteur légitime, à l'instar du tuteur testamentaire, acquiert le *jus tutelæ ipso jure*, et n'a pas besoin de la confirmation du magistrat.

----

(1) Le nouveau Droit de Justinien ne reconnaît plus que la tutelle légitime de l'héritier le plus proche.

SECTION III.

De la Tutelle dative.

Inst. I, 20, *de Atil. tut, et eo qui ex leg. Jul. et Tit. dat.*
Dig. **XXVI**, 5, *de tutor. et curator. dat. ab is qui jus dand. hab., et qui et in quib. caus. special. dari poss.; 6, qui petant tut. et ubi petant.*
Cod. **V**, 31, *qui pet. tut. vel cur.; 32, ubi petant. tut. vel cur., 33 de tut. et cur. illust. vel clariss. person.; 34, qui dare tut. vel cur. post. et qui dari poss.*

ART. I.

De la nomination du Tuteur.

La tutelle dative n'avait lieu qu'à défaut des tutelles testamentaire et légitime. Dans l'origine, le nombre des magistrats autorisés à nommer des tuteurs, *dativi*, fut très restreint; il prit peu à peu quelques développemens; mais la nécessité d'une attribution spéciale resta toujours la même : « Tutoris datio neque imperii est, neque jurisdictionis, sed ei soli competit, cui nominatim hoc dedit vel lex, vel senatusconsultum, vel princeps. »

Le magistrat doit être compétent relativement à la personne du pupille; la compétence se détermine par le domicile de ce dernier, et s'il en a plusieurs, par la priorité de la demande. Dans le cas d'un for privilégié de la part du père, de l'impubère, ce privilége s'étend au fils, par rapport au magistrat qui doit le pourvoir d'un tuteur; à défaut de domicile certain et de juridiction exceptionnelle, le juge compétent est celui du lieu de la naissance du pupille ou celui de l'endroit de la situation de la plus grande partie de ses biens; enfin, si ces données manquent, le magistrat auquel on doit s'adresser est celui de la résidence de l'impubère.

Le magistrat ne peut appeler à la tutelle qu'une personne soumise à sa juridiction, à moins d'autorisation supérieure; et encore, dans ce cas, le choix du tuteur ne lui est pas confié.

Une enquête précède toute nomination de tuteur, nomination qui ne peut être faite sous condition, *ex die* ou *ad diem*, à moins, pour la nomination *ad diem*, qu'il ne s'agisse d'un tuteur intérimaire.

Tous les biens du pupille, sans exception du lieu où ils sont situés, dépendent de l'administration du tuteur datif. Cette règle ne s'oppose cependant pas à la nomination de tuteurs spéciaux, pour le cas où les propriétés de l'impubère seraient considérables et disséminées dans plusieurs provinces. Le magistrat de la situation des biens pourvoie à ces tutelles partielles. Certains actes solennels réclament de même des tuteurs spéciaux.

ART. 2.

Du droit et de l'obligation imposée à certaines personnes de provoquer la nomination d'un Tuteur.

La demande d'un tuteur pour les pupilles est ou volontaire ou forcée; elle est volontaire de la part des cognats, des alliés, des amis des père et mère, des créanciers, des débiteurs du pupille, et des personnes qui l'ont élevé; elle est forcée dans l'année qui suit la mort du *paterfamilias*, pour la mère, l'aïeule, l'héritier institué ou *ab intestat, aut ex pupillari substitutione.*

Si la nomination d'un tuteur testamentaire n'a pas eu lieu conformément à la loi, les mêmes personnes sont aussi tenues d'agir pour la faire confirmer. En cas d'inaction de leur part, ou *si aut negligenter aut impie egerint*, elles sont privés de la succession de l'impubère, qui viendrait à mourir; les héritiers *ab intestat* perdent leur qualité, et sont dépouillés du *jure substitutionis pupillaris*. Bien plus, si la tutelle est vacante par suite d'incapacité, d'excuse ou de décès, leur action est encore requise dans le même délai et sous les mêmes peines.

L'obligation de provoquer la nomination d'un tuteur cesse pour la mère et l'héritier s'ils ont été prévenus, ou s'il a été fait un legs considérable au pupille sous cette condition, si *tutores non habuerit;* bien entendu, toutefois, que le détriment résultant de l'absence d'un tuteur n'excède pas les avantages du legs. La mère trouve une excuse de son défaut d'action, dans la pauvreté de ses enfans, dans sa jeunesse, mais non dans l'*ignorantia juris*. Il n'est pas douteux que personne ne se présentant, le magistrat n'ait le droit d'agir *ex officio*.

SECTION IV.

Des rapports qui existent entre ces différentes espèces de Tutelle.

La tutelle testamentaire l'emporte sur toutes les autres. Cette prééminence s'étend même aux *tutores confirmandi*.

Si le tuteur institué par testament est momentanément hors d'état de remplir ses fonctions, le magistrat nomme un tuteur intérimaire. Cette nomination d'un tuteur intérimaire a encore lieu lorsqu'il y a empêchement de la part du tuteur légitime.

Dans le cas où un tuteur nommé par testament ne jouirait pas du bénéfice de son institution, il faut distinguer : ou le magistrat a contribué à écarter le tuteur institué par testament, auquel cas il pourvoit à son remplacement; ou le tuteur testamentaire a été écarté sans son concours, et alors c'est au tuteur légitime à venir à la tutelle.

L'absence de tuteur testamentaire fait passer immédiatement la tutelle au tuteur légitime; à défaut du tuteur légitime, le magistrat nomme un tuteur datif.

Si, de plusieurs tuteurs testamentaires, l'un vient à manquer, il est remplacé par le magistrat; s'ils manquent tous, il y a lieu à la tutelle légitime.

CHAPITRE III.

Des causes d'incapacité et des motifs d'excuse.

Toute nomination d'une personne à une tutelle n'implique pas nécessairement acceptation ou possibilité d'acceptation de sa part; dans certains cas, l'absence de capacité légale s'étend à la gestion d'une tutelle; dans d'autres, la position particulière du tuteur le dispense d'accepter une charge dont l'exercice serait préjudiciable à ses intérêts. Aussi les obstacles qui s'opposent au plein effet de la disposition testamentaire, de la vocation de la loi ou de l'institution du magistrat ont été créés dans l'intérêt du pupille, et n'admettent pas de renonciation de la part du tuteur, tandis qu'il est libre de ne pas profiter d'un privilége. Les causes qui empêchent telle personne d'être apte à administrer une tutelle ont souvent été dites excuses nécessaires, *excusationes necessariæ*, et celles qui la dispensent *onus suscipiendi*, excuses volontaires, *excusationes voluntariæ*. Il est plus exact de remplacer la première de ces expressions par incapacité, causes d'incapacité, et de conserver la dernière telle que les lois romaines nous l'ont transmise, *excusationes*.

Nous traiterons d'abord des causes d'incapacité.

SECTION I.

Des causes d'incapacité.

Ins. I, 25, *de excus. tut. vel. cur.*

Cod. V, 34, *qui dare tut. vel cur. poss. et qui dari non poss.*

Sont incapables d'administrer une tutelle :

En principe général, quiconque n'a pas l'exercice de ses droits civils; et pour ce qui concerne la tutelle testamentaire, toute personne qui n'a pas la *testamenti factio* avec le testateur.

Notamment:

1° Les femmes, à l'exception de la mère et de l'aïeule; pourvu qu'elles ne convolent pas à de secondes noces, et *renoncent au bénéfice des dispositions du sénatus-consulte Velléien* : «Mulieribus etiam non interdicimus tutelæ subire officium, nisi mater aut avia fuerit.» (*Nov.* 118, c. 5.)

2° Les mineurs: «Cum erat incivile, eos, qui alieno auxilio in rebus suis administrandis egere noscuntur et sub aliis reguntur, aliorum tutelam vel curam subire (*Inst.* I, 25, *de excus.*); cui enim ferendum est eundem esse tutorem et sub tutela constitui et iterum, eundem esse curatorem et sub cura agere.» (*C.* 5, 30, *de leg. Tut. const. ult.*) Au-delà de vingt-cinq ans, la qualité de *filiusfamilias* n'est pas un obstacle à la capacité requise pour être tuteur.

3° Les personnes qu'un esprit faible ou des imperfections physiques mettent hors d'état d'administrer une tutelle; tels les fous, les sourds, les muets, les aveugles: «Surdus et mutus nec legitimi tutores esse possunt, cum nec testamento nec alio modo utiliter dari possint.» (ff. 26, 4. *de leg. Tut.* fr. 10, 1.)

4° Les prodigues, déclarés tels par jugement. Justinien ne prononce pas leur exclusion d'une manière formelle; mais il est permis de le faire par induction, les prodigues étant toujours assimilés aux individus en démence.

5° Les soldats, à moins qu'ils n'aient été nommés tuteurs par le testament, et du fait d'un de leurs compagnons d'armes.

6° Les évêques et les moines. Les autres prêtres peuvent, s'ils le veulent, se charger d'une tutelle légitime, du consentement de leur évêque: «Reliqui ex clericorum ordine admittuntur, dummodo intra quatuor menses, ex quo vocati sunt, scripto opus competentem judicem declaraverint, se sua voluntate tutelam suscepisse.»

7° Les ennemis déclarés des parens ou du pupille lui-même.

8° Les personnes qui, à l'époque de la délation de la tutelle, se trouveraient créancières ou débitrices du pupille. Si l'un ou l'autre de ces rapports existe entre elles et lui, il y a nécessité pour les premières de le déclarer; autrement le créancier perd son droit d'action, et le débiteur ne peut, tant que dure la tutelle, se libérer, soit par le paiement, soit de toute autre manière. La survenance de ces relations légales, pendant la durée de la tutelle, n'a pas pour résultat l'éloignement du tuteur; seulement on lui en adjoint un second. Les dispositions qui précèdent ne sauraient s'appliquer à la mère et à l'aïeule du pupille.

9° Quiconque ne se charge d'une tutelle que dans des vues intéressées.

10° Le mari ou le futur époux de la tutrice.

11° Les esclaves; toutefois le père d'un mineur pouvait instituer, par testament, son propre esclave comme tuteur de ses enfans; mais alors l'esclave devenait libre. Anciennement les *latini* et les *peregrini* étaient frappés d'incapacité relativement à la tutelle, parce qu'elle tenait au *jus proprium civium romanorum.*

12° Le tuteur qui doit fournir caution, *satisdare,* lorsqu'il se trouve dans l'impossibilité de le faire.

13° Les personnes illettrées, c'est-à-dire celles qui ne savent ni lire ni écrire, leur ignorance est présumée devoir préjudicier aux intérêts du pupille, quand la fortune est considérable.

14° Les Juifs, s'il s'agit de la tutelle d'un chrétien (1).

15° Pour la tutelle dative, le magistrat ne

____

(1) Les jurisconsultes allemands ne sont pas d'accord au sujet de cette importante question. Thibaut, Mac-

pourra pas arrêter son choix sur la personne dont les parens du mineur auraient prononcé l'exclusion.

SECTION II.

Des Excuses.

Inst. I, 25, *de excus. tut. vel curat.*
Dig. XXVII, 1, *de excusat.*
Cod. V, 62, *de excusat. tut. vel cur., et de temporibus cur.;* — V, 63, *si tut. vel cur. fals. excusatio. excus. sit.*

L'acceptation d'une tutelle est une obligation imposée à tout citoyen, quel que soit le mode de délation. Une fois nommé, la responsabilité du tuteur s'engage; il devient passible de peines pécuniaires et corporelles; et s'il s'opiniâtre dans

---

keldey, Mülhenbruch, Ingenheim, s'appuyant sur la loi 19, C., I, 9, qui déclare les Juifs inhabiles à remplir une fonction publique quelconque, les excluent de la tutelle. Gœschen, au contraire, s'en tient au frag. 15, § 6, Dig. 27, 1, ainsi conçu : *Jam autem et Judæi non Judæorum tutores erunt, sicut et reliqua administrabunt : constitutiones enim in iis solis sine molestia eos esse jubent, quæ per cultus inquinari videtur,* et fait honneur à Justinien d'une tolérance qui ne lui est pas habituelle. On croirait difficilement que de nos jours encore, l'Allemagne, ce pays de lumières et de raison, poursuit de ses injustices les disciples de la loi mosaïque; les exclusions du Droit romain leur sont appliquées dans toute leur rigueur. (Mackeldey, t. II, p. 397. — Lauterbach, *Coll. theor. pract.*, lib. 26, tit. 1, § 23. — Runde dentsch. Privatr., § 626.)

sa négligence, on le dépose comme suspect, et par suite il est déclaré infâme. Mais la loi, dans sa sévérité, n'a pas dû être poussée jusqu'à l'injustice; elle admet des dispenses, dont l'effet est plus ou moins étendu. Les unes dispensent de l'entrée en fonctions; d'autres vont plus loin, et déchargent d'une tutelle dont la gestion était déjà commencée.

« Excusantur a suscipienda tutela.

1° La mère et l'aïeule du mineur; leur choix est libre : « Quia vero matribus volentibus curam habere minorum, mater autem atque avia volentes admittuntur; ea quidem lege ut apud acta et secundis nuptiis et beneficio senatusconsulti Vellejani renuntient. »

2° Les vieillards de plus de 70 ans;

3° Les personnes absentes dans l'intérêt de l'État, pendant leur absence et l'année qui suit leur retour;

4° Les magistrats, les officiers publics, les administrateurs du fisc, les personnes chargées de gérer les affaires privées du prince, et en général toutes celles qui *potestatem habent aliquam*. Les magistrats municipaux ne sont pas compris dans cette énumération.

5° Les maîtres d'arts libéraux, *sophistæ, rhetores*, (les poëtes et les musiciens excepté), les grammairiens, *grammatici*, les maîtres ès-sciences, les peintres, les architectes, les géomètres, les mécaniciens, etc., les médecins qui pratiquent à Rome ou dans leur ville natale, les professeurs des académies, sans que cependant ils puissent se prévaloir de leur privilége vis-à-vis des impubères de leur collége.

6° Les athlètes couronnés, les sénateurs appelés à la tutelle d'un plébéien, et certaines communautés.

7° Le concours dans une famille de trois tutelles dont l'extinction est encore éloignée, qui concernent des fortunes différentes, et sont administrées aux risques et périls du *paterfamilias*, dispense tout membre de cette même famille d'en accepter une quatrième. Toutefois il faut encore que cette dernière tutelle n'ait pas été sollicitée et ne soit pas de peu d'importance. Une tutelle considérable équivaut à trois : « Cœterum putarem, rectè facturum prætorem, si etiam unam tutelam sufficere crediderit, si tam diffusa et negotiosa sit, ut pro pluribus cedat. »

8° Les personnes qui ont à Rome trois enfans, en Italie quatre, dans les provinces cinq, pourvu que ces enfants soient légitimes, vivans ou morts au service de l'État : « Hi enim qui pro republica ceciderunt in perpetuum per gloriam vivere intelliguntur. »

9° Les fermiers à bail emphytéotique et non les fermiers à bail temporaire des biens de l'État.

10° Les personnes qui n'ont pas leur domicile dans le même lieu que le siége de la tutelle. On peut encore refuser l'administration des biens situés dans une autre province ou à plus de cent milles de l'endroit qui sert de point central aux opérations de la tutelle.

11° Si une personne n'avait été instituée tutrice que dans des vues d'inimitié, elle aurait le droit de refuser.

12° Ont encore des motifs d'excuse : les soldats qui ont été congédiés du service militaire avec honneur. Toutefois distinguons : si le renvoi dans les foyers a eu lieu après l'accomplissement entier du temps de service, le soldat a une excuse perpétuelle, si ce n'est la première année passée, vis-à-vis des enfans du premier degré de ses compagnons d'armes. Si le licenciement a une autre cause, l'excuse dure une, deux, trois, quatre années, ou est illimitée, suivant qu'il a servi plus de cinq, huit, douze, seize ou vingt ans. Au bout d'un an, le privilége que la loi confère au soldat qui n'est plus sous les drapeaux, devient inutile à l'égard des descendans au premier degré de leurs camarades. Un vétéran ne peut toutefois être contraint de se charger de plus d'une tutelle de cette espèce.

Les *Romæ nocturni custodes solius anni habent remissionem.*

Excusantur a suscepta tutela :

1° Toute personne qui, en raison de sa pauvreté ou de sa santé, ne pourrait se charger de l'administration d'une tutelle, ou en serait extrêmement gênée.

2° Quiconque, en vertu d'un ordre du régent, change de domicile, pourvu que cet ordre mentionne qu'il a été donné en connaissance de cause.

3° Celui qui part en voyage pour les affaires de l'État ou qui est appelé aux conseils du prince.

SECTION III.

De la procédure à suivre pour faire valoir les excuses, et de leurs effets.

Les différens motifs d'excuse qui précèdent sont applicables à tous les tuteurs, testamentaires, légitimes, ou datifs, pourvu qu'ils soient présentés dans les formes déterminées par la loi, devant le magistrat compétent et dans le délai de cinquante jours, à partir de celui où le tuteur a eu connaissance de sa nomination. Ce délai est augmenté d'un jour par vingt milles de distance, lorsque la résidence du tuteur est éloignée de plus de cent milles du siége de la tutelle. Non-seulement le tuteur peut présenter lui-même ses excuses; il lui est encore permis d'agir par procureur, *procurator*, avec le concours des parens du pupille, et, suivant les circonstances, avec celui du pupille lui-même.

Sont considérés comme fins de non-recevoir: la promesse faite au père du pupille, par le tuteur testamentaire, de renoncer à faire usage de ses moyens d'excuse; la prise de possession des objets qui ne lui ont été légués qu'en considération de ses fonctions futures; un commencement de gestion des affaires de la tutelle.

Le tuteur nommé à cette qualité, *non jure*, n'a pas besoin de faire valoir ses excuses.

Si une même personne a plusieurs moyens, elle peut les épuiser successivement, pourvu qu'elle n'excède pas les délais de la loi; l'excuse ou les excuses rejetées, le tuteur est en droit de se pourvoir contre le décret du magistrat; mais s'il vient à succomber en seconde instance, il est responsable des dommages éprouvés par la fortune du pupille, durant la litispendance.

Si l'excuse est admise, le tuteur est déchargé de la tutelle; cependant la sentence du magistrat est nulle et de nul effet quand elle repose sur de faux motifs, et sa responsabilité remonte à l'époque de la délation de tutelle.

Les mêmes excuses servent dans plusieurs tutelles, sauf à recommencer chaque fois la procédure probatoire.

Pendant toute la durée de l'instance, il est donné un curateur à l'impubère.

Le tuteur testamentaire qui fait usage de ses moyens d'excuse, perd ce que le testateur lui avait légué dans la pensée qu'il gérerait la tutelle. La même décision est applicable au tuteur *confirmandus*, vis-à-vis duquel, au reste, le délai pour faire valoir ses excuses ne court qu'à compter du jour de la confirmation, et non à compter de celui où il a eu connaissance de sa nomination par testament.

CHAPITRE IV.

De l'administration de la tutelle.

DIVISION I.

Devoirs et obligations du tuteur.

Le commencement de la tutelle testamentaire se détermine par l'adition d'hérédité : des circonstances particulières seraient cependant sus-

ceptibles de modifier la volonté du testateur.
Cette opinion se fonde sur les passages suivans :
« Utilitatem pupillorum prætor sequitur, non
scripturam testamenti vel codicillorum (ff. 26,
3 Fr., 10 Pr.); — Nec tamen semper voluntas
ejus aut jussum conservari debet, veluti si prætor doctus sit, non expedire, pupillum eo morari, ubi pater jusserit, propter vitium quod
pater forte ignoravit in eis personis esse, apud
quas morari jussit. » (ff. 33, 1 fr., 7.) Quant à
la tutelle légitime, elle est ouverte par la certi-
tude acquise au tuteur, que le père du pupille
est mort sans laisser de testament : « Intestatus
autem videtur non tantum is qui testamentum non fecit, sed et is qui testamento liberis
suis tutores non dedit. » (ff. 26, 4, fr. 6.) Dès
que le décret du magistrat, *tutorium*, a été
rendu, le tuteur datif doit entrer en fonctions.

Les mesures préliminaires à prendre par tout
nouveau tuteur, concernent la caution qu'il doit
fournir, la prestation de serment et l'inventaire.
Les tuteurs nommés par testament et les tuteurs datifs appelés à cette qualité à *magistratu
majore, ex inquisitione*, étaient dispensés de
satisdare, à moins, en cas de concours entre
plusieurs tuteurs, qu'il n'y eût difficulté sur celui qui serait chargé de la gestion de la tutelle.

En règle générale, les tuteurs légitimes étaient seuls tenus de fournir caution : *Ne...... negotia.... consumantur vel deminuantur* (Gaj., *Com.* 1, 199), excepté dans le cas où le prêteur les en dispensait en connaissance de cause.

La prestation du serment n'admet pas les mêmes restrictions que la caution (*Nov.* 72, C. 8.)

Tout gestion de tutelle doit être précédée d'un inventaire dressé par un officier public : *Solemniter, id est publicis adhibitis personis.* L'omission de cette formalité peut, dans la suite, être prouvée par serment contre le tuteur, et avoir pour résultat sa destitution et la déclaration d'infamie. Un tuteur n'est dispensé de dresser inventaire que quand il y a impossibilité ; si, par exemple, le mineur ne possède rien, si le tuteur est gravement malade, si enfin le testateur qui a laissé sa fortune au mineur, a défendu l'accomplissement de cette formalité. On conçoit encore que dans certains cas les intérêts du pupille repoussent un inventaire solennel, *ne secreta patrimonii et suspectum ass alienum pandatur.* Cependant, en aucune circonstance le tuteur ne sera autorisé à se refuser à une énumération privée des biens de son pupille : «Nemo jus publicum remittere potest hujus modi cautionibus. »

Il est un point sur lequel la volonté du testateur est sans force, la dispense, en faveur du tuteur, d'administrer en conscience et de rendre ses comptes (1).

Enfin, lorsque plusieurs tuteurs sont appelés concurremment à la tutelle, il suffit qu'un d'entre eux en prenne la gestion; s'ils s'accordent, le *tutor gerens* est choisi à la majorité des voix. Autrement le magistrat se décide en faveur de celui qui offre le plus de garantie au pupille.

Les devoirs du tuteur se rangent sous trois rubriques, ils concernent :

1° L'administration des biens du pupille, *gestio bonorum*;

2° Sa personne physique;

3° Sa personne juridique, *auctoritas*.

SECTION I.

De l'administration des biens du pupille par le tuteur.

Dig. XXVI, 7, *de adm. et peric. tut. et cur. qui gess. vel non; et de agent. vel conv. uno vel plur;* — XXVII, 9, *de reb. eor., qui sub tut. vel cur. sunt, sine decret. non alien. vel supp.*

___

(1) Les jurisconsultes se partagent sur cette question : La mère est-elle de droit dispensée de dresser inventaire? Aucun texte de loi ne le décide formellement.

Cod. V, 37 , *de adm. tut. vel cur. et pec. pup. fener. vel depon.;* — V , 71 , *de præd. et aliis reb. min. sine decr. non alien. vel oblig.;* — V , 72 , *quando decr. opus non est;* — V , 73. *si quis ignor., rem min. esse sine decr. compar.;* — V , 74 , *si maj. fac. alienat. fact. sine decret. rat. hab.*

Les fonctions du tuteur sont habituellement gratuites; sa surveillance doit être celle d'un bon père de famille, sans que cependant on puisse exiger de lui des soins autres que ceux qu'il a l'habitude de donner à ses propres affaires. Il est même admis que les tuteurs sont seulement tenus des *culpæ latæ*, et leurs héritiers sont à l'abri de toutes poursuites qui ne seraient fondées que sur des *leviores culpæ*. Quant à ces derniers, la seule obligation qui leur soit imposée, est de terminer les opérations commencées par le tuteur défunt.

Le tuteur administre et dirige la fortune du pupille, *tanquam dominus*. Tout ce qu'il fait, soit qu'il s'agisse de possession, soit qu'il acquière, soit qu'il aliène, soit qu'il reçoive un paiement, soit qu'il contracte, soit qu'il transige, est censé fait par le propriétaire même, ou sur son mandat. Cependant, sa qualité d'administrateur des biens d'autrui, reparaît pour ce qui concerne les donations : il faut au tuteur une autorisation spéciale. Bien loin de se montrer prodigue, le but de ses efforts constans doit être d'augmenter autant que possible la fortune qui lui a été confiée.

Le tuteur fera les dépenses nécessaires à l'entretien des biens de son pupille ; il aura soin de recouvrer l'actif du mineur, soit qu'il ait à agir contre lui-même, soit qu'il ait à poursuivre des personnes tierces. Si les capitaux sont perdus par sa négligence, il en devient responsable ; s'il n'a pas fait payer des intérêts dus, il en tient compte de ses propres deniers au pupille, fût-il lui-même débiteur de ce dernier.

Le tuteur a la faculté de continuer le commerce du père du pupille, surtout si par son testament ce dernier en a ainsi disposé, mais pourvu que ce commerce ne soit pas désavantageux au mineur ; de plus, le tuteur remplira ses obligations nécessaires ; mais non pas les obligations facultatives.

Les tuteurs des pupilles et des adultes, lorsqu'ils veulent aliéner soit les choses immobilières et les droits, *jura*, ainsi que les choses mobilières les plus précieuses appartenant au mineur, ne peuvent le faire, la plupart du temps, qu'en recourant aux magistrats compétens, et en obtenant leur concours dans les formes voulues par la loi. Le magistrat prend des informations pour savoir s'il existe un juste motif d'aliéner, *justa causa alienandi*, une cause nécessaire, *nempe necessitatis*, comme des dettes à payer, ou toute autre raison analogue.

Les tuteurs ne sont jamais autorisés à vendre inconsidérément. Aussi le magistrat cherchera s'il n'existe pas pour le mineur un autre moyen moins désastreux de remplir ses engagemens, tels que la *rei obligatio*. Il faut encore, dans l'aliénation des différens objets qui composent la fortune du mineur, suivre un certain ordre, de manière à ne vendre qu'en dernier lieu ceux dont l'absence lui sera le plus préjudiciable.

Si une des formalités voulues par la loi était omise ou observée d'une manière incomplète, l'aliénation ne serait pas valide, et le propriétaire de la chose aliénée pourrait en poursuivre le domaine, *dominium*, entre les mains de toute personne quelconque, à charge de restituer le prix provenant de cette vente : « Qui a pupillo emit, probare debet, tutore auctore, lege non prohibente se emisse ; sed etsi deceptus falso tutore auctore emerit, bona fide emisse videtur. » (ff. 6, 2, fr. 13, 2.)

Du reste, certaines circonstances valident immédiatement l'aliénation d'un bien appartenant à un pupille, quoique faite sans l'accomplissement des formalités ordinaires ; d'autres ont le même effet, postérieurement et notamment dans le cas de ratification : « Ratihabitione; si major factus alienationem factam sine decreto ratam habuerit. » Il y a encore aliénation valide lorsque la prescription de cinq ans est acquise, pourvu que l'aliénation ait eu lieu à titre onéreux : « Ideoque præcipimus, si per quinque continuos annos post impletam minorem ætatem, id est post viginti quinque annos connumerandos nihil conquestus est super tali alienatione, vel suppositione is, qui eam fecit, minime posse retractari eam occasione prætermissionis decreti, sed sic tenere, quasi ab initio legitimo decreto res fuisset alienata vel supposita. Cum autem donationes a minoribus nec cum decreto celebrari possint, si minor vel post veniam ætatis rem immobilem donationis titulo in alium (excepta propter nuptias donatione) transcripserit, non aliter hoc firmitatem habebit, nisi post viginti quinque annos impletos inter præsentes quidem decennium, inter absentes autem vicennium donatore acquiescente effluxerit, ut tamen in hæredis persona illud tantummodo tempus accedat, quod post ejusdem hæredis minoris ætatem silentio transactum sit. » (C. 5, 74. *Const.* 3.)

De la procédure à suivre pour obtenir un décret du juge.

Dans les cas où un décret du juge est nécessaire, la procédure à observer est la suivante : il faut d'abord faire une enquête pour savoir si l'aliénation est réellement indispensable. Cette aliénation n'est considérée comme telle que dans le cas où le mineur a des obligations à remplir, ou des besoins personnels à satisfaire, ou des soins à donner à la conservation de son bien. La nécessité de l'aliénation reconnue, le tuteur la fait porter sur les choses d'une utilité secondaire et choisit le mode d'aliéner le moins préjudiciable aux droits du pupille. Le magistrat qui, par son décret, a autorisé l'aliénation des biens d'un mineur est tenu de veiller à ce que les capitaux qui en proviennent reçoivent l'emploi précédemment déterminé.

Il arrive quelquefois que l'aliénation des biens du pupille ne requiert pas le concours du magistrat ; ainsi une tierce personne n'a pas besoin de l'autorisation du juge pour aliéner les biens du mineur lorsqu'il en a acquis le droit de son auteur. Le tuteur lui-même aliène seul, si le père du pupille ou le prince l'ont ainsi ordonné, bien entendu, dans cette dernière hypothèse que le testament du père a été déclaré *irritum;* si un engagement valide aux yeux de la loi le veut ainsi; s'il opère un paiement, un prêt, ou s'il emploie l'argent à un autre usage; s'il est tenu de fournir une caution judiciaire pour le compte du mineur en hypothéquant ses biens; s'il aliène une chose déjà grevée d'hypothèques; s'il engage un immeuble à un créancier dont l'argent a affranchi le mineur d'une dette de même nature; si le pupille prête de l'argent à telle personne pour acheter une chose et se réserve sur cette chose un droit d'hypothèque; enfin si l'acquéreur de biens appartenant à un mineur ne se libère pas, le tuteur peut se mettre en possession en son lieu et place.

Des contrats.

D'après les principes du droit antérieur à Justinien, le tuteur devait acheter des biens-fonds avec l'argent du pupille, et, en attendant des sommes suffisantes pour de pareilles acquisitions, les placer ainsi qu'a coutume de le faire un homme *providus ac diligens.* Si le tuteur n'achetait pas de biens-fonds, ou s'il ne plaçait pas l'argent de son pupille, il était tenu d'en payer l'intérêt (ff. 26, 7 fr. 7, 7, 10). Le placement de l'argent du pupille trouvé par le tuteur lors de son entrée en fonctions devait s'opérer dans le courant des six premiers mois. Si les fonds provenaient d'un paiement effectué durant l'administration du tuteur, le placement à intérêt avait lieu dans les deux mois.

Mais Justinien, dans la crainte qu'un désir de gain excessif ne mît en danger la fortune même du pupille, dégagea les tuteurs de l'obligation de placer l'argent de l'impubère à intérêt, pourvu qu'il eût d'autres ressources pour fournir à ses dépenses. Les placemens que faisaient alors les tuteurs étaient à leurs risques et périls.

S'il y avait, de la part d'un tuteur, retard à faire rentrer les fonds et les intérêts dus à son pupille, sa négligence le rendait passible de dommages-intérêts. De plus, le tuteur qui utilisait à son profit les capitaux ou les revenus du mineur confié à ses soins, *centesimas debebat reddere usuras*; néanmoins, le tuteur qui a prêté en son nom les deniers du pupille, n'est pas censé les avoir détournés pour son avantage personnel, pourvu qu'il en ait imputé les intérêts sur ses comptes. La même décision est applicable au tuteur qui aurait reçu, à titre de prêt des cotuteurs, *palam et aperte*, une somme d'argent appartenant au pupille.

L'autorisation du magistrat n'est pas nécessaire pour placer de l'argent. Quant au paiement que le tuteur recevrait pour le pupille, il est de règle qu'un décret de magistrat intervienne : « Sancimus, creatione tutorum et curatorum cum omni procedente cautela, licere debitoribus pupillorum, vel adultorum ad eos solutionem facere, ita tamen ut prius sententia judicialis sine omni damno celebrata hoc permiserit : quo subsecuto, si et judex hoc pronuntiaverit, et debitor persolverit, sequitur hujusmodi causam plenissima securitas, ut nemo in postremum inquietetur. — Non autem hanc legem extendimus etiam in his solutionibus, quæ vel ex reditibus, vel ex pensionibus, vel aliis hujusmodi causis pupillo vel adulto accedunt, sed si extraneus debitor ex fœneratitia forsitan cautione, vel aliis similibus causis solutionem facere et se liberare desiderat : tunc enim eam subtilitatem observari censemus. » (C. 5, 37. *Const.* 25.)

SECTION II.

Des soins dus par le tuteur à la personne
physique du pupille.

Dig. XXVII, 2, *ubi pup. educ. vel mor. debeat, et de alim. ci præst.*

Cod. V, 49, *ubi pup. educ. deb.;* — V. 50, *de alim. pup. præst.*

Les devoirs du tuteur relativement à la personne physique du mineur confié à ses soins, consistent dans la protection qu'il est tenu de lui offrir, *caveat tutor ne indefensum relinquat pupillum*, et dans la surveillance de sa nourriture et de son éducation. S'il ne peut remplir lui-même ces obligations, il est tenu d'en confier l'exécution à d'autres personnes. C'est avant tout sur la volonté du père qu'il faut régler le lieu de sa résidence, son mode d'éducation, la quantité et la qualité des alimens. Cette volonté fait loi; cependant, si elle n'a pas été manifestée, ou s'il existe de graves raisons, comme celle d'incapacité, par exemple, pour s'écarter de la volonté du père, le tuteur ira trouver le magistrat, qui, se réglant d'après la personne, la condition et les moyens du pupille, déterminera le lieu de sa demeure et le genre d'éducation qui lui convient. L'usage a établi que l'enfant serait d'abord confié à sa mère, à moins qu'elle ne puisse remplir les obligations que lui impose une pareille mission, ou qu'elle n'aie convolé à de secondes noces. La personne choisie par le testateur ou par le magistrat n'est pas dans la nécessité d'accepter sa nomination, fût-elle affranchie, parente ou alliée du pupille. Mais un refus de sa part entraîne la perte du legs fait par le père du mineur, dans l'espoir qu'elle se chargerait de veiller à son éducation.

Si ce qui concerne les alimens n'a pas été réglé par le père, le magistrat prendra une détermination à ce sujet dans le délai le plus court, à moins que le pupille en souffre; autrement le tuteur est seul juge en pareille matière; dans certaines circonstances il y aurait des inconvéniens à dévoiler l'état de la fortune d'un mineur. Les instructions du tuteur ont quelquefois assez de latitude pour qu'il puisse déterminer lui-même quelles dépenses sont nécessaires, et comment il est possible de concilier les convenances, les moyens personnels du mineur avec sa position dans la société; ainsi, il peut arriver que tel tuteur n'excède pas ses pouvoirs en faisant des cadeaux aux ascendans de son pupille, en fournissant des alimens à ses frères, en dotant une sœur peu fortunée.

Si le magistrat n'avait rendu sa décision que sur de fausses données, le tuteur aurait le droit de s'en écarter. Tout doit être sacrifié pour donner au pupille une éducation soignée et complète, peu importe que cette éducation dépasse ses moyens pécuniaires.

Si le tuteur refusait des alimens au pupille et se cachait, celui-ci serait envoyé en possession de ses biens; il en résulterait de plus la destitution pour le tuteur. Cette dernière peine est de même encourue par suite du refus de nourrir un mineur tombé dans la pauvreté.

SECTION III.

De la personne juridique du pupille ou de l'auctoritas du tuteur.

Inst. I, 2ı, *de auctor. tut.*
Dig. XXVI, 8, *de auctor. et cons. tut. et cur.*
Cod. V, 5g, *de auctor. præst.*

Ulpien (XI, 25) établit clairement que l'administration des biens et de la personne du mineur par le tuteur et l'intervention de l'*auctoritas* de ce dernier, dans certains cas donnés, sont distinctes. « Pupillorum pupillarumque tutores et negotia gerunt, et auctoritatem interponunt. » La personnalité juridique du pupille se complète par le concours de l'*auctoritas* de son tuteur.

En envisageant la tutelle sous le point de vue de l'*auctoritas*, il est nécessaire de distinguer si le pupille est encore *infans* ou *infantia major*. Au premier cas, il est complétement incapable de contracter d'une manière valide aux yeux de la loi, et le tuteur se met tout-à-fait en son lieu et place; au second cas, le pupille a capacité personnelle, pouvoir de contracter: mais cette capacité n'est pas parfaite, et a besoin d'être étayée par le concours du tuteur, «tutor auctoritatem interponere debet.»

L'auctoritas du tuteur est requise pour toutes les conventions volontaires qui engagent le pupille, soit directement, soit indirectement, ou tendent à changer son état, *status*. Des raisons majeures donnent le droit au tuteur de refuser son concours; mais alors il est responsable des suites de son refus, et le magistrat est autorisé à le suppléer. L'absence de *l'auctoritas* est sans inconvéniens si, par la convention, le pupille n'a fait qu'acquérir des droits. Cette règle souffre exception quand il s'agit d'accepter une hérédité, *adire hæreditatem*, de demander la possession de biens, et de recevoir une hérédité fidéicommissaire. Une acceptation faite sans autorisation serait nulle, alors même que l'hérédité serait très avantageuse, *quamvis lucrosa*.

Si *l'auctoritas* du tuteur manquait dans les cas où elle est nécessaire, cette circonstance entraînerait la nullité, de plein droit, de la convention; mais cette nullité ne profiterait qu'au mineur, c'est-à-dire qu'il pourrait s'en servir pour intenter une action à sa partie adverse, et que sa partie adverse n'aurait pas le droit de l'invoquer contre lui.

Lorsque le tuteur lui-même ou une des personnes qui se trouvent sous sa dépendance ont besoin de faire une convention avec le pupille, il ne peut pas interposer son *auctoritas*, d'après le principe, « tutor in rem suam auctor esse non potest, » excepté quand il s'agit d'une enchère publique et dont les dangers sont nuls. Le pupille recevait autrefois un tuteur dit prétorien, *prætorius tutor*; postérieurement on lui donna un curateur *ad hoc*.

L'*auctoritas* se donne dans les formes suivantes. Le tuteur assiste à la convention, il manifeste son assentiment de suite, verbalement, de plein gré, et sans condition. Autrement le concours du tuteur est sans effet; « Nulla differentia est, non interveniat tutoris auctoritas, an perperam adhibeatur. » Tout tuteur, même le *tutor honorarius*, est compétent pour *l'interpositio auctoritatis*.

SECTION IV.

Du concours de plusieurs Tuteurs.

Inst. I, 24, *de satisdat. tut. vel curat.*
Dig. XXVI, 7, *de admin. et peric. tut.*

Cod. **V**, 36, *in quib. cas. tut. vel cur. hab. tut. vel cur. dari pot.*; — **V**, 40, *si ex plur. tut. vel cur. omnes vel unus agere pro minore vel conv. poss.*; — **V**, 59, *de auctor. præst.*

Les premières sections de ce chapitre ont été consacrées à développer les obligations du tuteur préposé, d'une manière exclusive à l'administration d'une tutelle, et la gérant réellement. Il nous reste à nous occuper du tuteur honoraire, *tutor honorarius*, du concours de plusieurs tuteurs appelés ensemble à une même tutelle, des protuteurs et des cotuteurs.

Des tuteurs honoraires. — La tutelle honoraire n'avait, dans les principes du Droit romain, d'autre but que d'investir celui à qui elle était échue en partage d'une surveillance active sur les opérations du *tutor gerens*, et du droit de provoquer sa destitution : « Dati sunt enim, quasi observatores actus ejus (tutoris gerentis) et custodes : imputabiturque eis quandoque, cur, si male eum conversari videbant, suspectum non fecerunt. » (ff. 26, 7 fr. 3, § 2.) Du reste, le tuteur honoraire n'avait à se mêler en rien de l'administration. Telle est, du moins, la règle posée par les § 1 et 2 fr. 3, ff. 26, 7. Il est encore dit (ff. 26, 8 fr. 4) : « Etsi pluribus datis tutoribus unius auctoritas sufficiat, tamen, si tutor auctoretur, cui administratio tutelæ concessa non est, id ratum a prætore haberi non debet. » Malgré ces deux décisions formelles, nous trouvons au liv. 29, 2 fr. 49 du Digeste : « Pupillum, etiam eo tutore auctore, qui tutelam non gerat, hæreditatem adeundo obligari, ait Africanus; et au liv. 46, 3 fr. 14 : « Dico igitur, cuicunque ex tutoribus fuerat solutum, et si honorarius (nam et ad hos periculum pertinet) rectè solvi : nisi interdicta eis fuerit à prætore administratio ; nam si interdicta est, non rectè solvitur. » Cette contradiction de témoignage nous porte à croire que primitivement le tuteur honoraire fut en effet exclu de l'administration de la tutelle ; mais que plus tard des vues d'équité engagèrent le prêteur et les jurisconsultes appelés à donner des *responsa*, à renoncer, du moins dans certains cas, à la sévérité du Droit ancien.

Des protuteurs et des falsi tutores. — Il peut arriver qu'une personne n'ait pas la qualité de tuteur général, ou ne soit pas apte à certains actes particuliers, et s'ingère néanmoins dans l'administration de la fortune d'un pupille, dans la *gestio bonorum;* elle est dite alors *protutor, id est qui pro tutore negotia gerit.* Tant qu'un pareil tuteur administre *animo tutoris,* il est tenu des mêmes devoirs que le véritable tuteur, « qui pro tutore negotia gerit, eamdem fidem et diligentiam præstat, quam tutor præstaret » (ff. 27, 5 fr. 4), et peut être actionné par son pupille (eod. fr. 1. § 3).

On donne le titre de *falsus tutor* à celui qui, sans avoir les qualités requises, appose son *auctoritas* à une obligation d'impubère (ff. 27, 6). Les actes auxquels a concouru un *falsus tutor*, ne sont valides qu'autant qu'ils le seraient si le pupille avait agi seul, comme dans le cas de stipulation unilatérale et non dans celui d'engagement réciproque, « in emptionibus, venditionibus, locationibus, conductionibus, mandatis, depositis.... » (Inst. 1, 21, pr.) Le préteur accordait au pupille une *actio in factum* contre le *falsus tutor* qui avait agi *mala fide;* « novissime prætor ait : In eum, qui, cum tutor non esset, dolo malo auctor factus esse dicetur, judicium dabo; ut quanti ea res erit, tantam pecuniam condemnetur. (ff. 27, 6. fr. 7.) Nous croyons même pouvoir nous autoriser de ce passage du *Corpus Juris*, pour étendre à de tierces personnes l'action donnée par le préteur contre les *falsi tutores* de mauvaise foi.

Des tuteurs auxiliaires ou adjoints. — Il arrive quelquefois qu'un pupille déjà pourvu d'un tuteur en reçoive un second ou bien un curateur :

par exemple, si ce premier tuteur est absent, s'il a une excuse momentanée, s'il est d'une santé mauvaise ou d'un âge avancé. La même chose a lieu dans le cas où les biens composant le patrimoine d'un impubère sont disséminés dans plusieurs provinces; lorsque la conduite du tuteur motive une *suspecti accusatio,* ou autorise à croire qu'il n'agit pas de bonne foi.

Le tuteur auxiliaire peut n'être élu qu'*ad certas causas*, pour des affaires déterminées, telles, par exemple, celles qui interviennent entre le tuteur ordinaire et le pupille. Le Droit romain avait admis pour maxime : « Tutorem habenti tutor dari non potest. (ff. 26, 2 fr. 27.)» Cette règle ne fut pas toujours scrupuleusement observée dans les derniers temps (Gaj. *Com I*, 184; Ulp. XI, fr. 24; inst. 1, 21, § 3) : « non prætorius tutor ut olim constituitur, sed curator in locum ejus datur.» Pour qu'on nommât un second tuteur, il fallait que les opérations dont il devait être chargé ne fussent pas de nature à être terminées par des personnes étrangères à la tutelle, et qu'aucun tuteur auxiliaire ne pût confirmer de son *auctoritas* les actes du curateur. Cette seconde proposition ne contredit nullement ce qui précède ; car souvent des tuteurs incapables d'administrer, ou d'une probité suspecte, n'étaient pas remplacés pourvu qu'ils eussent les conditions requises pour l'*auctoritas*.

Les tuteurs ont la faculté de demander au magistrat la nomination d'un adjoint pour certaines opérations ou pour certaine classe d'opérations. Les adjoints sont revêtus du même pouvoir, du même droit d'*auctoritas* que le tuteur ordinaire; ils administrent à ses risques et périls.

Des cotuteurs. — Par l'expression de cotuteurs nous entendons ceux qui gèrent concurremment une tutelle, et non ceux qui sont appelés au secours les uns des autres: il se peut que des cotuteurs n'aient aucun rapport entre eux, que la tutelle soit fractionnée en plusieurs tutelles diverses; mais ce fait est rare et ne se présente que quand la fortune du pupille est considérable et ses biens situés dans plusieurs provinces. Les devoirs des cotuteurs sont confondus ou distincts. Au premier cas, chaque cotuteur a capacité pour faire un acte de tutelle quelconque, et la responsabilité de tous est engagée; au second cas, nul ne peut empiéter sur les attributions de l'autre; cependant si un des cotuteurs croyait que la gestion d'un de ses collègues n'est pas exempte de blâme, il devrait provoquer sa mise en jugement, sous peine d'être tenu des dommages causés aux intérêts de l'impubère. La distri-

bution des différentes branches de l'administration de la tutelle est du ressort du magistrat ou
du père de famille ; car si la division ne provenait
que du fait des cotuteurs, il y aurait pour eux
solidarité complète indépendamment de la nécessité de se surveiller et de s'accuser.

DIVISION II.

Devoirs et Obligations du pupille.

L'impubère a de son côté des obligations à
remplir vis-à-vis du tuteur : c'est ainsi qu'il doit
se laisser guider par lui tant qu'il est sous sa
puissance ; l'indemniser des dépenses faites dans
un but utile, alors même que le résultat en a
été de courte durée ; lui payer l'intérêt de l'argent employé à son usage d'après le taux habituel ;
le libérer des engagemens qu'il a contractés en
son nom ; enfin, le dédommager des pertes qu'il
a éprouvées par le fait de son pupille ; bien entendu cependant que les accidens fortuits reste-
ront à la charge du tuteur.

CHAPITRE V.

Des différens modes d'extinction de la tutelle.

La tutelle peut cesser de plein droit, *ipso jure*,
ou par suite d'un décret du prince ou du magis-

trat; elle cesse de plein droit par la réalisation
d'un certain fait. Quel que soit le mode d'extinction de la tutelle, les rapports qu'elle avait établis
entre le tuteur et le pupille sont dissous, et cette
règle n'admet d'autre exception que celle qui
résulte du devoir imposé au tuteur de terminer,
avant de rendre ses comptes, toutes les opérations
commencées. Si la résolution de la tutelle avait
pour cause la mort du tuteur, ses héritiers seraient tenus, s'ils réunissaient les conditions de
capacité requises, de se charger de l'administration provisoire de la fortune de l'impubère.

SECTION I.

*Des cas dans lesquels la tutelle se termine de plein
droit.*

Inst. I, 22, *quib. mod. tut. finit.*

Les pupilles sortent de tutelle par la puberté,
qui commence à douze ans pour les femmes et
à quatorze pour les hommes : la manière de juger
la puberté partagea les Proculéiens et les Sabiniens. Les Sabiniens appréciaient la puberté
d'après l'état extérieur du corps, *habitu corporis*
(Gaj. *Com. I*, 196); tandis que les Proculéiens
présumaient son existence chez les personnes
qui avaient atteint un âge déterminé. Justinien,

dans la vue d'éviter aux bonnes mœurs les atteintes qu'elles auraient reçues du système des Sabiniens, s'en tint à celui des disciples de Proculus.

Toute diminution de tête du pupille met fin à la tutelle : il en est de même, à plus forte raison, de sa mort.

La tutelle s'éteint, non pas d'une manière absolue, mais pour ce qui concerne le tuteur.

Par sa mort, par sa grande et sa moyenne diminution de tête, *maxima et magna capitis diminutio ;* si legitimus tutor capite minutus sit, dicendum est, desinere eum esse tutorem, et locum esse judicio tutelæ, finita tutela » (ff. 26, 4 fr. 5, § ult.) La tutelle légale s'éteignait aussi autrefois par la *capitis diminutio minima* du tuteur ; mais il n'en est plus de même aujourd'hui. (Inst. 1, 22, 4.)

La tutelle cesse encore par l'arrivée du terme ou de la condition sous lesquels le tuteur avait été nommé ;

Si la mère ou l'aïeule qui géraient la tutelle convolent à de secondes noces, « mos tamen ut secundas contraxerit nuptias, repente expelli a tutela. »

SECTION II.

Des cas dans lesquels il est nécessaire qu'il intervienne un décret du magistrat ou du prince pour mettre fin à une tutelle.

Inst. I, 26, *de suspect. tut. vel cur.*
Dig. XXVI, 10, *de suspect. tut. vel cur.*
Cod. V, 43, *de suspect. tut. vel cur.*

Les modes d'extinction de la tutelle dont il est question dans cette section peuvent s'appliquer du plein gré du tuteur, ou être dirigés contre lui. La tutelle cesse du plein gré du tuteur lorsqu'il fait valoir l'une des excuses dont il a été question au chapitre deuxième, et que cette excuse est admise par le magistrat. Le tuteur perd son droit à la tutelle malgré lui lorsqu'il est écarté comme suspect, *remotio suspecti.*

CHAPITRE VI.

De la reddition de compte et des actions qui naissent de la tutelle.

Dig. XXVII, 3, *de tut. et ration. distrah. et util. curat. caus. act. —* 4, *de contr. tut. et util. act. —* 7, *de fidej. et nonim. et hæred. tut. et cur.*
Cod. V, 51, *arbitr. tut. —* 52, *de divid. tut. et pro qua part. quisq. tut. conv.—* 55, *si tut. vel cur. non. gess.—* 58, *de contr. jud. tut.*

La tutelle engendre, en faveur du pupille et

de ses héritiers, deux actions, l'une dite *actio tutelæ directa*, l'autre *actio rationibus distrahendis ;* en faveur du tuteur et de ses ayant droit, une action qui prend le nom de *actio tutelæ contraria. Tutelæ actio tam heredibus quam contra successores competit.* (Cod. 5. 51, const. 12.)

Le Droit romain part du principe qu'il est intervenu entre l'impubère, soumis à la puissance du tuteur et le tuteur lui-même, un quasi-contrat; qu'il est juste par suite que les deux parties aient les moyens de se contraindre réciproquement à exécuter les obligations qui résultent de leur position respective : « Tutelæ quoque judicio qui tenentur, non proprie ex contractu obligati intelliguntur; nullum enim negotium inter tutorem et pupillum contrahitur : sed quia sane non ex maleficio tenentur, quasi ex contractu teneri videntur. Et hoc autem casu mutuæ sunt actiones : non tantum enim pupillus cum tutore; sed et contra tutor cum pupillo habet actionem, si vel impenderit aliquid in rem pupilli vel pro eo fuerit obligatus, aut rem suam creditori ejus obligaverit. » (ff. 44, 7 fr. 5, 1 ; Inst. 3, 27, 2.)

L'actio tutelæ directa dont nous nous occuperons d'abord, a pour but d'obtenir du tuteur qu'il rende ses comptes d'une manière claire et précise, qu'il justifie des paiemens qu'il a pu faire, et remette les fonds dont il est encore dé-positaire, soit que ces fonds fassent partie du capital appartenant au mineur, soit qu'ils pro-viennent des intérêts : « Officio tutoris incumbit, etiam rationes actus sui conficere et pupillo reddere : cæterum si non fecit, aut si factas non exhibet, hoc nomine judicio tenebitur. De servis quoque interrogationes, sed et quæstiones habendas, et hoc officio judicis convenire pla-cuit : nam D. Severus decrevit, cùm neque inven-taria neque auctionalia proferentur, remedio eo uti debere, ut rationes a servis qui rem gesse-rant, proferantur : has rationes si esse mala fide conscriptas a servis dicunt tutores, etiam in quæstionem servi interrogari poterunt. » (ff. 27, 3 fr. 1, 3.)

Le but de l'*actio tutelæ directa* est encore de répéter du tuteur les dommages-intérêts dont son dol, sa faute et sa négligence l'ont rendu responsable vis-à-vis du pupille, « præstando dolum, culpam et quantum in rebus suis dili-gentiam. » (ff. 27, 3 fr. 1, pr.) Non-seulement les droits du mineur sont garantis par une action personnelle contre le tuteur; la loi lui confère en outre un droit de gage, d'hypothèque sur les biens qu'il possède : « Pro officio administrationis tutoris vel curatoris bona, si debitores existant,

tanquam pignoris titulo obligata, minores sibi-
met vindicare minime prohibentur. Idem est, etsi
tutor, vel curator quis constitus, res minorum
non administraverit. » (C. 5, 37; *const.* 20.)

L'*actio tutelæ directa* ne peut pas être intentée
avant la fin de la tutelle, « nisi finita tutela sit,
tutelæ agi non potest. (ff. 27, 3 *fr.* 4, *pr.*) — Absur-
dum enim erat, a tutore rationem administrationis negotiorum pupilli reposci, in qua adhuc
perseveraret. » (*Ibid.* fr. 9, 4.) La rigueur du
principe est maintenue alors même qu'il y a
mauvaise foi de la part du tuteur; néanmoins
le pupille ne souffre pas de l'extinction de son
droit d'action, « quamvis enim morte tutoris
intereant (actiones), tamen pupillus cum herede
ejus actionem habet : quia sibi solvere debuit.»
(ff. 27, 3 *fr.* 10.) Si le recours du pupille contre
son tuteur provenait d'une cause autre que la
tutelle, il pouvait agir avec l'assistance d'un curateur spécial pendant l'administration même du
tuteur. (*Nov.* 72, c. 2.) Rien ne l'empêche de
se servir successivement des moyens qui lui sont
offerts par sa position : « licet judice accepto,
cum tutore tuo egisti, ipso tamen jure actio
tutelæ sublata non est : et ideo si rursus eundem
judicem petieris, contra utilem exceptionem rei
judicatæ, si de specie, de qua agis, in judicio priore

tractatum non esse allegas, non inutiliter replicatione doli mali uteris. » (C. 3, 1 ; *const.* 2.)

Le seul tribunal compétent pour apprécier le fondement des actions du pupille, est celui dans le ressort duquel se trouve le siége de l'administration de la tutelle ; il est néanmoins loisible au juge duquel émane la nomination du tuteur d'exiger annuellement une reddition de compte. (Thibaut, t. 1, p. 411.)

Dans l'instance introduite par *l'actio tutelæ directa*, le demandeur est l'ex-pupille assisté soit de son tuteur, soit de son curateur, ou bien ses successeurs à titre universel. Le défendeur est le tuteur, ou ses héritiers, alors même qu'il a donné mandat à une tierce personne d'administrer les biens dont se compose la tutelle, sans préjudice des poursuites à diriger contre le mandataire considéré comme *negotiorum gestor*. L'action qui résulte de la *negotiorum gestio* est dite « actio protutelæ ; pro tutore autem negotia gerit, qui munere tutoris fungitur in re impuberis, sive se putet tutorem, sive scit non esse, finget tamen esse » (ff. 27, 5 *fr.* 1, 1.) Les obligations du protuteur étant les mêmes que celles du tuteur, l'étendue de l'action *directa et contraria protutelæ* est complétement identique à celle de *l'actio tutelæ.*

Si le tuteur n'était pas *sui juris*, le père de famille sous la puissance duquel il se trouve n'est pas à l'abri des répétitions du pupille ou de ses héritiers, et les poursuites dirigées contre lui n'ont pas de limites lorsqu'il s'est chargé des risques et périls de la tutelle expressément ou tacitement. Dans le cas contraire, sa responsabilité n'excède pas ses engagemens : « si quidem pater tutelam agnovit, in solidum debet teneri : si non agnovit duntaxat de peculio. Agnovisse autem videtur, sive gessit, sive gerenti filio consensit, sive ommino attigit tutelam. Unde cum quidam filio scripsisset, ut diligenter tutelam gereret, cum scias, inquit, periculum ad nos pertinere, dixi, hunc quoque videri adgnovisse. Plane, si solum monuit filium, non videtur agnita. (1) (ff. 26, 1 *fr.* 7.)

---

(1) La question que nous venons de décider au détriment du père de famille a été l'objet de nombreuses controverses. Deux passages du Digeste paraîtraient établir qu'il ne peut être responsable de l'administration des enfans qui sont encore sous sa puissance que jusqu'à concurrence de leur pécule. Le premier de ces passages est ainsi conçu : « Lucius Titius, Gaïum Seïum filiumfamilias testamento filio suo tutorem dedit; Gaïus Seïus, sciente et consentiente patre, tutelam administravit : quæro, an defuncto Gaïo Seïo actio tutelæ adversùs patrem ejus, et in quantum competat?

Il est encore d'autres personnes contre lesquelles la *tutelæ actio directa* peut être invoquée; tels les *fidejussores* : « si cum fidejussoribus tutoris ex stipulatione rem salvam fore agetur, easdem reputationes habebunt, quas tutor » (ff. 27, 7 *fr.* 5); les adfirmatores; « fidejussores à tutoribus nominati, si præsentes fuerunt et non contradixerunt, et nomina sua referri in acta publica passi sunt, æquum est, perinde teneri,

---

Marcellus respondit, secundum ea quæ proposita essent, actione de peculio, et de in rem verso patrem teneri, nec multum videri in hoc casu facere patris scientiam et consensum ad obligandum eum in solidum; nisi forte contutore vel alio quo volente eum facere suspectum, intercessit et quasi in se periculum recepit » (ff. 26, 7 *fr.* 21). Le second passage, extrait d'Ulpien, ne s'explique pas d'une manière précise sur la tutelle, mais statue sur les conséquences de l'acceptation d'une charge publique par un fils de famille à l'égard du père : « Si filiusfamilias fuit magistratus, et caveri pupillo non curaverit, aut non idonee cautum sit culpa ejus : an et quatenus in patrem ejus actio danda sit, quæritur? Et ait Julianus, in patrem de peculio dandam, sive voluntate ejus filius Decurio factus sit, sive non : nam et si voluntate patris magistratum administravit, attamen non oportere patrem ultra quam de peculio, conveniri. » (ff. 27, 8 *fr.* 1, 17.) Le poids de ces deux témoignages nous a paru contrebalancé par la citation qui précède, et par l'esprit général de la législation.

atque si jure legitimo stipulatio interposita fuisset. Eadem causa videtur affirmatorum qui scilicet, cum idoneos esse tutores adfirmaverint, fidejussorum vicem sustinent.» (ff. 27, 7 *fr.* 4, 3.) Les nominatores; «in magistratus municipales tutorum nominatores, si administrationis finito tempore non fuerint solvendo, nec ex cautione fidejussionis solidum exigi possit, pupillis quondam in subsidium indemnitatis nomine actionem utilem competere ex senatusconsulto, quod auctore divo Trajano, parente nostro, factum est, constitit.» (*C.* 5. 75; *const.* 5.) Les *postulatores* (ff. 27, 7 *fr.* 2); les *magistratus* s'ils ont omis d'assurer au pupille toutes les garanties que les lois lui concèdent, « adversus magistratus qui curatorem dederunt, actio utilis ita demum competit, si universis bonis excussis tutorum vel curatorum, revocatisque, quæ eum in fraudem alienasse constiterit, indemnitati tuæ in solidum satisfieri non potuit. »(*C.* 5, 75; *const.* 1.) Quand aux héritiers du tuteur, nous trouvons résumées dans les citations suivantes les obligations que leur qualité leur impose et l'étendue de leur responsabilité : « quamvis heres tutoris tutor non est, tamen ea, quæ per defunctum inchoata sunt, per heredem, si legitimæ ætatis et masculus sit, explicari debent; in quibus dolus ejus admitti potest. Quod penes tutorem fuit, heres quoque ejus reddere debet : quod apud pupillum is reliquerit, si heres capit, non quidem crimine caret, sed extra tutelam est; et utili actione hoc reddere compellitur. — Cum ostendimus, heredem quoque tutelæ judicio posse conveniri, videndum, an etiam proprius ejus dolus, vel propria administratio veniat in judicium? Et exstat Servii sententia existimantis, si post mortem tutoris heres ejus negotia pupilli gerere perseveraverit, aut in arca tutoris pupilli pecuniam invenerit, et consumpserit, vel eam pecuniam quam tutor stipulatus fuerat, exegerit, tutelæ judicio eum teneri suo nomine; nam cum permittatur adversus heredem ex proprio dolo jurari in litem; apparet eum judicio tutelæ teneri ex dolo proprio. Negligentia plane propria heredi non imputabitur. Usuras quoque ejus pecuniæ, quam pupillarem agitavit, præstare debet heres tutoris: quantas autem et cujus temporis usuras præstare debeat, ex bono et æquo constitui ab judice oportet. — Heredes ejus, qui non jure tutor vel curator datus administrationi se non immiscuit, dolum et culpam præstare non debere. Paulus respondit, tale judicium in heredem tutoris transferri oportere, quale defunctus suscepit. Hoc eo pertinet, ut non excusetur heres, si dicat se instrumenta tutelaria non invenisse : nam cum ex omnibus bona fide judiciis propter dolum defuncti heres teneatur, idem puto observandum et in tutelæ actione. Sed constitutionibus sub-ventum est ignorantiæ heredum. Hoc tamen tunc observandum est, cum post mortem tutoris heres conveniatur, non si lite contestata tutor decesserit : nam litis contestatione et pœnales actiones transmittuntur ab utraque parte et temporales perpetuantur. » (ff. 27, 7 ; *fr.* 1 ; 4, *pr.* 1, 2 ; *fr.* 8.)

Ce qui précède suppose que la tutelle n'est gérée que par un seul tuteur. Le concours de deux ou plusieurs personnes agissant ensemble ou se partageant l'administration nécessite d'autres dispositions : si, par exemple, il existe un *tutor honorarius,* sa responsabilité n'est engagée qu'autant que, par une négligence évidente, il a omis d'actionner un tuteur suspect, pourvu cependant que le pupille ne puisse pas trouver des garanties plus immédiates : « Nec quisquam putet ad hos periculum nullum redundare ; constat enim, hos quoque, excussis prius facultatibus ejus qui gesserit, conveniri oportere, dati sunt enim, quasi observatores actus ejus et custodes, imputabiturque eis quandoque, cur, si male eum conversari videbant, suspectum non fecerunt.

Assidue igitur et rationem ab eo exigere eos oportet et sollicite curare, qualiter conversetur, et si pecunia sit, quæ deponi possit, curare, ut deponatur ad prædiorum comparationem : blandiuntur enim sibi, qui putant honorarios tutores omnino non teneri : tenentur enim secundum ea quæ supra ostendimus. » (ff. 26, 7 *fr.* 3, 2.)

Au lieu d'un *tutor gerens* et d'un *tutor honorarius*, supposons plusieurs tuteurs entre lesquels l'administration de la tutelle a été partagée par le testateur ou le magistrat; dans ce cas encore nous retrouverons des quasi-tuteurs honoraires, si nous ne consultons que la nature des obligations qui résultent pour chacun d'eux de sa position vis-à-vis des autres cotuteurs : « In divisionem autem administratione deducta, sive a præside sive testatoris voluntate, unumquemque pro sua administratione convenire potest, periculum invicem tutoribus non sustinentibus, nisi per dolum aut culpam suspectum non removerunt, vel tardè suspicionis rationem moverunt, quum alter eorum non solvendo effectus sit vel suspicionis causam agendo sua sponte jura pupilli prodiderunt. Nec prodest eis dicentibus, eum contutorem suum non administrasse res pupillares. Sin vero ipsi inter se res

administrationis diviserunt, non prohibetur ado-
lescens unum ex his in solidum convenire, ita
ut actiones, quas adversus alios habet, ad electum
transferat. » (*C.* 5, 52 ; *const.* 2.) Si au contraire
la tutelle est échue à plusieurs personnes, mais
sans partage d'attributions, nous devons distinguer : ou il s'agit d'une négligence répréhensible
et habituelle qui s'étend à tous les actes de l'administration de la tutelle, auquel cas la responsabilité est égale et se répartit sur tous les tuteurs
(ff. 26, 7 *fr.* 38, 1.), ou bien l'instruction est
spéciale et instantanée : si la gestion de la tutelle
a été confiée par les cotuteurs à l'un d'eux, ceux
qui ont donné mandat à leur collègue peuvent
demander, avant toute poursuite ultérieure, que
le mandataire soit d'abord seul mis en cause, et
qu'il y ait discussion préalable de la garantie qu'il
présente au pupille, à moins que cette manière
de procéder n'offre de trop grands inconvéniens;
« Licet tutorum conventione mutuum periculum
minime finiatur, tamen eum, qui administravit,
si solvendo sit, primo loco, ejusque successores
conveniendos esse non ambigitur. » (*C.* 5, 52 ;
const. 3.) S'il est constant que tous ont administré
simultanément, d'un accord unanime, le recours
du pupille s'étend à *l'universalité* de ses tuteurs
et ceux-ci n'ont d'autre moyen de défense à

alléguer que l'exception de partage, exception qu'invoquerait vainement celui qui, par sa mauvaise foi, a donné lieu à l'action de l'impubère; « et si quidem omnes simul gesserunt tutelam, et omnes solvendo sunt, æquissimum erit, dividi actionem inter eos pro portionibus virilibus, exemplo fidejussorum.» (ff. 27, 3 *fr.* 1, 11.) Les retards du pupille à poursuivre un de ses tuteurs ne préjudicient jamais aux autres quoique celui-ci soit devenu insolvable; « si post finitum administrationis officium, collegæ tui indemnitati præstandæ idonei fuerint, postea que dum non conveniuntur, minus idonei effecti sunt, vitium alienæ cessationis ad dispendium tuum pertinere, juris ratio non patitur.» (*C.* 5, 52; *const.* 1.)

La seconde action du pupille contre le tuteur est *l'actio rationibus distrahendis*; elle est ouverte pour reddition de compte incomplète ou inexacte, et lui assure à lui et à ses héritiers la restitution du double des objets que le tuteur a soustraits de son patrimoine : «actione de rationibus distrahendis nemo tenetur, nisi qui in tutela gerenda rem ex bonis pupilli abstulerit.— Rationibus distrahendis actione non solum hi tenentur, tutores qui legitimi fuerunt, sed omnes qui jure tutores sunt, et gerunt tutelam.» (ff. 27, 3 *fr.* 2, *pr.; fr.* 1, 19.) Ce qui distingue notamment *l'actio rationibus distrahendis* de *l'actio tutelæ directa*, c'est qu'elle ne peut pas être invoquée contre les héritiers du tuteur, *quia pœnalis est.* (ff. 27, 3 *fr.* 1, 23.)

Nous avons dit que de son côté le tuteur avait une action contre le pupille ou ses héritiers, *actio tutelæ contraria.* Sans cette équitable prévoyance de la loi, la tutelle eût été envisagée comme une charge des plus onéreuses, et que dans ses intérêts tout citoyen devait chercher à décliner. Le tuteur se fût refusé à tout déboursé s'il avait eu la crainte de ne pas rentrer dans ses fonds. « Contrariam tutelæ actionem Prætor proposuit induxitque in usum, ut facilius tutores ad administrationem accederent scientes, pupillum quoque sibi obligatum fore ex sua administratione. Et enim provocandi fuerant tutores, ut promptius de suo aliquid pro pupillis impendant, dum sciunt, se recepturos id quod impenderint. » (ff. 27, 4 *fr.* 1, *pr.*) Le tuteur est autorisé à demander la compensation de ce qu'il doit au pupille avec ce qui lui est dû; « Si tutelæ judicio quis convenietur, reputare potest id, quod in rem pupilli impendit. Sic erit arbitrii ejus, utrum compensare, an petere velit sumtus. Quid ergo, si judex compensationis ejus rationem non habuit, an contrario judicio experiri possit? Et utique potest : sed si reprobata est hæc reputatio, et adquievit, non debet judex contrario judicio id sarcire. » (ff. 27, 4 *fr.* 1, 4.)

Le protuteur jouit du même bénéfice de la loi que le tuteur. (ff. 27, 4 *fr.* 1, 3.)

SECONDE PARTIE.

DE LA TUTELLE DES FEMMES (1).

Les peuples de l'antiquité étaient loin d'avoir pour la femme la même considération, et de la traiter avec le même esprit d'égalité que les nations modernes. Si pour certains actes de la vie publique, de la vie civile même, il existe encore une différence entre les deux sexes, l'injustice de la loi s'efface du moins sous l'influence des mœurs actuelles. De nos jours on s'est accordé à reconnaître que la femme avait reçu du créateur une intelligence égale à celle de l'homme, que comme lui elle pouvait surveiller ses biens, acquérir, aliéner sans le concours d'un tuteur, ou, pour mieux dire, d'un contradicteur intéressé. Dans l'état de mariage seulement la femme est demeurée soumise à la volonté de son mari, et encore

(1) On pourrait à la rigueur distinguer deux espèces de Tutelle des Femmes, la *pupillaris* et la *perpetua*. La *Tutela pupillaris mulierum*, se confondant avec la Tutelle des Impubères précédemment exposée, cette seconde partie ne concernera que la *Tutela perpetua*.

plutôt par suite de la nécessité où était le législateur de donner un chef à la société de biens qui se formait que dans la conviction d'une humiliante suprématie de l'homme sur la femme.

Nul document historique ne nous autorise à affirmer que la tutelle des femmes, telle que l'ont formulée les lois romaines, tire son origine de la tutelle des Grecs; mais il est constant qu'à Athènes les femmes avaient des tuteurs désignés sous le nom de κύριους (Guil. Budæi, *Comm. Græc. ling.*, p. 44, 45. — Pfeiffer., *Antiq. græc.*, IV, 5, p. 616. — Salmas. *de Mod. usurar.*, c. 4, p. 165); que dans toute affaire le concours de ces tuteurs leur était indispensable, « tutor his rebus Græcorum legibus ascribendus fuit. » (Cic., *pro Flacc.*, 30), à tel point que sans eux elles ne pouvaient *contrahere ultra modium hórdei*, πέρα μεδίμνου κριθῶν, suivant le témoignage de Dion Chrysostôme (*Orat.* 75). A Athènes encore, une femme n'avait pas le droit d'actionner quelqu'un en justice ou d'y comparaître sans son tuteur; c'est ce qui explique la formule de procédure employée par le héraut ou par l'huissier devant les tribunaux : ἡ δεῖνα καὶ ὁ κύριος, *citatur hæc mulier ejusque tutor.* (Ev. Otto, *Dissert.* IV, c. 1, § 6.)

Au dire de Montesquieu (*Esprit des Lois,*

liv. VII, chap. 12), les divers codes des lois barbares prouvent que chez les premiers Germains les femmes étaient aussi dans une tutelle perpétuelle, et que cette tutelle s'appelait *munderbium*. Cet usage, ajoute-t-il, passa dans une monarchie qu'ils fondèrent, mais ne dura pas.

Que l'origine de la tutelle des femmes en droit romain soit nationale ou étrangère, nous ne pouvons méconnaître que les jurisconsultes des premiers temps de la république la regardaient comme nécessitée par les lois politiques et autorisée par le droit naturel. Suivant l'opinion de Von Lôhr, jurisconsulte allemand, qui s'est spécialement occupé de la tutelle des femmes, les idées aristocratiques des premiers législateurs de Rome les engagèrent à subordonner l'exercice de la liberté chez les femmes arrivées à l'âge de puberté, au concours de leurs plus proches parens ou de certaines personnes désignées par les parties intéressées. Le droit romain n'avait pas, à l'exemple des législations des peuplades guerrières, restreint ou supprimé totalement le droit d'hérédité des femmes; aussi devait-on craindre que les grandes fortunes, indispensables au maintien de la constitution politique de Rome, ne fussent altérées par les profusions et l'inexpérience de celles auxquelles de riches successions viendraient à échoir. Une considération de droit public d'une part, et de l'autre l'incapacité réelle ou supposée des femmes, motivèrent, à notre avis, l'établissement d'une tutelle permanente. Plusieurs citations viennent à l'appui de cette assertion : « Sane patronorum et parentum legitimæ tutelæ (les seules existantes du temps de Gajus) vim aliquam habere intelliguntur, eo quod hi neque ad testamentum faciendum, neque ad res mancipi alienandas, neque ad obligationes suscipiendas auctores fieri coguntur, præterquam, si magna causa alienandarum rerum mancipi obligationisque suscipiendæ interveniat. Eaque omnia ipsorum causa constituta sunt, ut quia ad eas intestatarum mortuarum hereditates pertinent, neque per testamentum excludantur ab hereditate, neque alienatis pretiosioribus rebus susceptoque ære alieno minus locuples ad eos hereditas perveniat.» (Gaj., *Comm.* I, 192.) — «Tutores constituuntur feminis tam impuberibus quam puberibus, et propter sexus infirmitatem, et propter forensium rerum ignorantiam.» (Ulp., XI, 1.) — «Ideo autem feminæ sub viri potestate consistunt quia levitate animi plerumque decipiuntur. Unde æquum erat eas viri auctoritate reprimi. Proinde et voluerunt feminas innuptas, quamvis perfectæ ætatis essent, propter ipsam animi levitatem in tutela consistere. » (Isidor., *Origin.*, lib. IX, cap. ult. in fine.) — « Mulieres omnes propter infirmitatem consilii majores in tutorum potestate esse voluerunt. » (Cic., *pro Murena*, 12.) — « Majores nostri nullam ne privatam quidem rem, agere feminas sine auctore voluerunt, in manu esse parentum, fratrum, virorum. » (Tit. Liv., XXXIV.) — « Permissum est itaque parentibus, liberis quos in potestate sua habent testamento tutores dare : masculini quidem sexus impuberibus duntaxat; feminis autem, tam impuberibus quam nubilibus. Veteres enim voluerunt feminas, etiamsi perfectæ ætatis sint, propter animi levitatem in tutela esse. Itaque si quis filio filiæque testamento tutorem dederit et ambo ad pubertatem pervenerint, filius quidem desinit habere tutorem, filia vero nihilominus in tutela permanet : tantum enim ex lege Julia et Papia Poppœa jure liberorum a tutela liberantur feminæ : loquimur autem exceptis virginibus Vestalibus, quas etiam veteres in honorem sacerdotii liberas esse voluerunt : itaque etiam lege XII Tabularum cautum est. » (Gaj., *Comm.* I, 144, 145.) On a peine à concilier le passage qui précède avec le paragraphe 190, Comm. I, du même jurisconsulte; il est probable que Gajus, tout en constatant l'existence de la tutelle des femmes, met en doute son efficacité pour atteindre le but que le législateur s'était proposé : « Feminas vero perfectæ ætatis in tutela esse, fere nulla pretiosa ratio suasisse videtur; nam quæ vulgo creditur, quia levitate animi plerumque decipiuntur, et æquum erat eas tutorum auctoritate regi, magis speciosa videtur quam vera : mulieres enim quæ perfectæ ætatis sunt, ipsæ sibi negotia tractant; et in quibusdam causis dicis gratia tutor interponit auctoritatem suam; sæpe etiam invitus auctor fieri a prætore cogitur. »

Comme la tutelle des pupilles, la tutelle des femmes était ou testamentaire, ou légitime, ou dative.

La tutelle testamentaire prenait son origine dans le testament du mari et par interprétation de la loi des douze Tables, sous la condition néanmoins qu'il eût sa femme *in manu et in potestate.*

Peu à peu une jurisprudence plus favorable aux femmes que les lois qui avaient réglé les principales dispositions du droit de tutelle, introduisit l'usage de la *tutoris optio;* cette institution avait pour but de préserver les femmes de la domination de leurs agnats; elle consistait dans l'institution par le mari, dans son testament, de plusieurs tuteurs parmi lesquels la femme choisissait ensuite celui qu'elle préférait. Cicéron blâme cet usage : « Nam quum permulta præclare legibus essent constituta, ea Jurisconsultorum ingeniis pleraque corrupta ac depravata sunt. Mulieres omnes propter infirmitatem consilii majores in tutorum potestate esse voluerunt : hi invenerunt genera tutorum qui potestate mulierum continerentur. » (*Pro Murena*, 27.)

La *tutoris optio* apporta une modification assez importante à la tutelle testamentaire des femmes, pour qu'on puisse établir une distinction bien tranchée entre la *tutela testamentaria* simple et la *tutela testamentaria* qui concède le droit de choisir entre plusieurs tuteurs.

Un passage de Tite-Live (XXXIX, 19) autorise à faire remonter la *tutoris optio* à l'an 566 au moins de la fondation de Rome ; un sénatus-consulte sur les bacchanales accorda le privilége qui nous occupe à une certaine Fescenia Hispala, en récompense des secrets qu'elle avait divulgués : « Uti tutoris optio item esset quasi ei vir testamento dedisset. » Plaute y fait aussi allusion dans un passage d'une de ses comédies (*Truc.*, 4, 4, v. 6) : « Qui manu me tutorem adoptavit bonis », dit une jeune fille en parlant de son amant qui lui avait tout sacrifié. Ulpien passe sous silence la *tutoris optio*, mais Gajus nous apprend qu'elle était tantôt pleine, *plena*, et tantôt étroite, *angusta;* pleine, quand le choix de la femme n'étoit limité par aucune restriction; étroite dans le cas contraire.

Quelques paragraphes du même jurisconsulte résument la théorie de la *tutoris optio :* « In persona tamen uxoris, quæ in manu est, recepta est etiam tutoris optio, id est, ut liceat ei permittere, quem velit ipsa tutorem sibi optare, hoc modo : Titiæ uxori meæ tutoris optionem do; quo casu licet uxòri vel in omnes res, vel in unam forte aut duas (optare). — Cæterum aut plena optio datur, aut angusta. — Plena ita dari solet, ut proxime ac supra diximus; angusta ita dari solet : Titiæ uxori meæ duntaxat tutoris optionem semel do, aut duntaxat bis do. — Quæ optiones plurimum inter se differunt; nam quæ plenam optionem habet, potest semel et bis et ter, et sæpius tutorem optare : quæ vero angustam habet optionem, si duntaxat semel data est optio, amplius quam semel optare non potest; si tantum bis, amplius quam bis optandi facultatem non habet. — Vocantur autem hi qui nominatim testamento tutores dantur, dativi; qui ex optione sumuntur, optivi. » (*Comm.* I, 150, 151, 152, 153, 154.)

Si l'on suit avec attention l'influence du temps sur l'institution de la tutelle, on remarquera que peu à peu la rigueur des principes s'altère, et que l'état de dépendance dans lequel les vieilles constitutions avaient placé la femme devient moins rigoureux. Dans la deuxième période de l'histoire du Droit romain, c'est-à-dire pendant l'intervalle qui s'écoula entre la loi des douze Tables et l'avènement d'Auguste au trône impérial, la tutelle des femmes romaines fut uniquement bornée au cas de l'aliénation d'une chose susceptible de mancipation (*mancipi res*); son caractère particulier est de n'avoir lieu très souvent que de nom (*dicis causa*), c'est-à-dire qu'à la vérité il était nécessaire de consulter fréquemment le tuteur, mais que celui-ci n'avait pas le choix de donner ou de refuser son autorisation (*auctoritas*), en telle sorte qu'aucune responsabilité ne pesait sur lui, parce qu'il n'agissait qu'autant que le préteur l'y contraignait. Il n'était au fond qu'une espèce de témoin, à moins que le titre de tuteur ne se trouvât en concours dans sa personne avec la qualité d'héritier légitime, *legitimi hæredis*.

A défaut de tutelle testamentaire, *quum non esset nec esse speraretur*, venait la tutelle légitime. S'il s'agissait d'une femme ingénue, les personnes appelées à la tutelle étaient ses agnats; s'il s'agissait d'une affranchie, le patron ou les enfans du patron (1).

La tutelle légitime des femmes était, à proprement parler, un droit réel; elle figurait dans les biens du tuteur, *in bonis,* il pouvait la céder, in jure cedere; — «legitimi tutores alii tutelam jure cedere possunt. » (Ulp., XI, 6.) Le tuteur testamentaire ne jouissait pas de la même prérogative. La personne à laquelle la tutelle a été cédée est dite *tutor cessicus;* si elle meurt, ou si

---

(1) Un mari pouvait-il être le tuteur de sa femme? La solution de cette importante question nécessite une distinction : ou la femme était « in manum conventa,» ou «tantum in matrimonio.» Au premier cas, la femme n'était certes pas en tutelle, mais bien « in manu et mancipio mariti; » sa position était analogue à celle d'une fille de famille, «quum non essent capita libera.» Au second cas, les femmes restaient «sui juris et rerum suarum dominæ, in tutela non maritorum sed adgnatorum, quia sine horum auctoritate nihil poterat de legitima tutela deminui.» (*Cic.,* *pro Flacc.,* 34.) Bien loin de concéder au mari la qualité de tuteur de sa femme, la législation romaine ne lui permettait pas d'exercer sur elle un droit de curatelle pour le cas de minorité ou de maladie intellectuelle. La prohibition est formellement exprimée au Digeste (27, 10, *fr.* 14) : «Virum uxori mente captæ curatorem dari non oportet.» Deux passages du Code sont non moins péremptoires (*C.* 5, 62; *Const.* 4; 17).

elle éprouve un changement d'état, ou si elle se démet de son droit en faveur d'une autre personne, la tutelle revient au tuteur légitime, comme dans le cas d'usufruit après la mort de l'usufruitier, ou cession par lui faite de son droit, le propriétaire rentre dans la plénitude de ses droits. Il importe cependant de remarquer que si, par une raison quelconque, la source du droit de tutelle légitime venait à se tarir dans la personne même du tuteur, le droit du cessionnaire disparaîtrait par suite de la maxime : *soluto jure dantis solvitur jus accipientis.*

Sous le règne de Claude fut rendue la loi Claudia, qui fixa un point de doctrine agité depuis long-temps par les jurisconsultes ; elle libéra de la tutelle de son plus proche héritier toute femme née libre ; seulement l'affranchie resta sous celle du patron. Jusqu'à la découverte des Institutes de Gajus, Ulpien était la seule autorité que l'on pût invoquer à l'appui de cette disposition, encore fallait-il substituer *sustulit* à *sustinet* ; Cujas lisait *sustulit*, Heineccius *sustinet*, mais en même temps il étendait à toutes les tutelles des femmes l'effet de la loi Claudia (ad L. unic. C., *ubi tutor vel. cur*). Schulting (*in adnot.,* p. 596), s'appuyant sur un texte d'Ulpien (X.I, 8), ne reconnaît dans ce monument législatif que l'intention de mettre fin aux cessions de tutelles légitimes. Son avis est adopté par Heineccius. Pothier et Haubold pensent avec raison, je crois, que la loi Claudia ne concernait que l'abolition de la tutelle légitime et non celle de la tutelle dative; ils invoquent à l'appui de leur opinion l'existence du *jus liberorum*, postérieure à la loi Claudia. En effet, à quoi eût servi le *jus liberorum*, dont il sera parlé plus bas, si la tutelle dative avait éprouvé le même sort que la tutelle légitime? (Gaj., I, 171, 157; Ulp. XI, 8.)

La loi Claudia parut sous la forme d'un plébiscite; cette bizarrerie s'explique par les connaissances de l'empereur Claude et le désir qu'il avait de rappeler les formes antiques de la république romaine.

Une constitution de Constantin révoqua la loi Claudia : « In feminis tutelam legitimam consanguineus patruus non recuset. » (*Cod. Theod.*, 3, 17, L. 2.) L'empereur Léon confirma dans les termes suivans la constitution de Constantin : « Constitutione divæ memoriæ Constantini lege Claudia sublata pro antiqui juris auctoritate, salvo manente agnationis jure, tam consanguineus, id est frater, quam patruus; cæterique legitimi ad [pupillarum (1)] feminarum tutelam vocantur. » (C. 5, 30, *Const.* 3.)

Outre la tutelle testamentaire et la tutelle légitime, il existait encore une troisième espèce de tutelle des femmes, la dative. Ulpien nous l'atteste dans des termes précis : « Lex Attilia jubet mulieribus pupillisve non habentibus tutores (neque testamentarios, neque legitimos) dari a prætore et majore parte tribunorum plebis. » (L. XI, 18.) — « Ex lege Julia de maritandis ordinibus, tutor datur a prætore urbis ei mulieri virginive quam ex hac lege nubere oportet, ad dotem dandam, dicendam, promittendamve, si legitimum tutorem pupillum habeat. »

« Sed postea senatus censuit ut, etiam in provincia quoque, similiter a præsidibus earum ex eadem causa tutores dentur.

« Præterea etiam in locum muti furiosive tutoris alterum dandum esse tutorem ad dotem constituendam senatus censuit.

« Item ex senatusconsulto tutor datur mulieri ei, cujus tutor abest, præterquam si patronus sit qui abest. Nam in locum patroni absentis alter peti non potest, nisi ad hereditatem adeundam, et nuptias contrahendas. » (XI, 20, 21, 22.)

Comme la tutelle des impubères, la tutelle des

---

(1) Ce mot a été intercalé par Tribonien.

femmes tire son origine de trois modes de vocation distincts, mais elles diffèrent essentiellement sous le rapport de la liberté d'action qu'elles laissent au pupille : « Pupillorum pupillarumque tutores et negotia gerunt et auctoritatem interponunt. Mulierum autem tutores auctoritatem duntaxat interponunt. » (Ulp., XI, 25.) Bien plus, l'*auctoritas* du tuteur n'est pas toujours nécessaire à la femme, et, sous ce point de vue encore, sa condition est plus favorable que celle du pupille : « Tutoris auctoritas necessaria est mulieribus quidem in his rebus, si lege aut legitimo judicio agant, si se obligent, si civile negotium gerant, si libertæ suæ permittant in contubernio alieni servi morari, si rem mancipi alienent. Pupillis autem hoc amplius, etiam in rerum nec mancipi alienatione tutoris auctoritate opus est. » (Ulp., XI, 27.)

C'était surtout pour ce qui regardait sa dot que la femme était obligée de recourir à son tuteur : « Non tantum ad dotem dandam nupturæ curatores, verum etiam ei quoque quæ jam nupta est : sed et ad dotem augendam datur, et mutandæ quoque dotis gratia curator dari potest. » (ff. 26, 5 fr. 7.)

L'*auctoritatis interpositio* du *tutor mulierum* s'opérait dans les mêmes formes que l'*auctoritatis interpositio* du *tutor impuberum*; pour l'une comme pour l'autre il fallait simultanéité de concours avec l'affaire qu'elle avait pour but de valider. On a élevé à ce propos la question suivante : l'*auctoritas* du tuteur était-elle valable lorsqu'elle coïncidait avec la lettre qu'une femme écrivait à son esclave pour lui annoncer qu'elle lui accordait la liberté? Un fragment d'un ancien jurisconsulte résout la difficulté en ces termes : « Mulier sine tutoris auctoritate manumittere non potest, nisi liberorum jus habeat. Tunc enim ex vindicta sine tutore potest manumittere. Unde si mulier absens quæ jus liberorum non habet, liberum esse jusserit, quæsitum est, si tutores ejus auctoritatem accommodent eo tempore quo epistolæ scribuntur servo a domina, an interposita auctoritas ullius momenti sit? Julianus negat. Existimat enim eo tempore debere auctoritatem præstare quo peragitur libertas : tunc autem peragi intelligitur, quando servus cognoverit dominæ voluntatem. Sed Neratius Priscus probat libertatem servo competere : sufficere enim, quando epistola scribitur, adhiberi auctoritatem tutoris; cujus sententia et constitutione imperatoris confirmata est. » (Fr. regul. ex vet. Jurisc., § 15.)

Il résulte des principes précédemment exposés, que la dation d'un tuteur à une femme réellement pubère, mais présumée impubère, est nulle et faite *inutiliter :* « Seïæ egressæ annos duodecim, decreto Prætoris ex inquisitione datus est tutor quasi minori. Quæro an excusare se deberet? Respondi, secundum ea quæ proponerentur, neque excusationem necessariam esse, neque obligari quod non gereret. » (ff. 26, 5, fr. 26.)

La tutelle des femmes s'éteint : 1° par la mort naturelle du tuteur et par celle de la femme; 2° par la grande diminution de tête de l'un des deux ; la *diminutio capitis minima* du tuteur n'a d'effet que relativement à la tutelle légitime. Il n'en est pas ainsi pour ce qui concerne la femme. La *capitis diminutio*, même *minima*, la rend *alieni juris*, et il n'y a plus lieu à l'application de la tutelle, puisqu'elle exige au préalable l'existence d'un *caput liberum*. Si, par exemple, une femme placée sous le pouvoir d'un tuteur passait par mariage sous puissance de mari, la tutelle cesserait.

La tutelle des femmes s'éteint encore par le *jus liberorum;* si une femme née libre, *ingenua,* a donné le jour à trois enfans, elle sort de tutelle en vertu des lois Julia et Papia. La même faveur est accordée à l'affranchie, *liberta,* mère de quatre enfans : « libertas quatuor liberorum jure, tutela patronorum liberavit. » (Ulp. XXIX, 3.) — « Matres tam ingenuæ quam libertinæ cives romanæ, ut jus liberorum consecutæ videantur, ter et quater peperisse sufficiet, dummodo vivos et pleni temporis pariant. — Quæ semel uno part'i tres filios edidit, jus liberorum non consequitur : non enim ter peperisse, sed semel partum fudisse videtur, nisi forte per intervalla pariat. — Jus liberorum mater habet, quæ tres filios aut habet aut habuit, aut neque habet neque habuit. Habet cui supersunt : habuit quæ amisit : neque habet neque habuit, quæ beneficio principis jus liberorum consecuta est. » (Paul. *Sent. recept.*, lib. IV, tit. 9, § 1, 2, 9.)

Peu à peu des femmes illustrées soit par des actions d'éclat, soit par le rang qu'elles occupaient, obtinrent de gérer elles-mêmes leur fortune. Les Vestales furent les premières à jouir de ce bienfait (1); Auguste, et non pas Numa,

---

(1) Un passage de Gajus (I, 45) ainsi conçu : «Loquimur autem exceptis virginibus Vestalibus, quas etiam veteres in honorem sacerdotii liberas esse voluerunt : itaque etiam lege XII Tabularum cautum est,» est peut-être en opposition avec le témoignage de Plutarque et de Dion Cassius, et fait remonter à une époque plus reculée le privilége des Vestales. Aussi, dans l'opinion à laquelle nous nous sommes arrêtés, avons-nous pris pour guide l'esprit général de la législation.

comme quelques auteurs le prétendent en s'appuyant sur un texte altéré de Plutarque, rendit hommage au caractère sacré de leurs fonctions et à la pureté de leur vie, en dérogeant pour elles à la partialité du droit ancien (Dio. Cass., lib. LVI, 10). Sous son règne, Octavie et Livie reçurent du sénat la même dispense. (Dio. Cass., lib. LV, 2.)

Il est impossible, au milieu des vicissitudes nombreuses de la législation romaine, depuis la chute de la république jusqu'au milieu du sixième siècle de l'ère chrétienne, de préciser quelle a été la destinée de la tutelle des femmes; nous la voyons disparaître à plusieurs reprises et revivre ensuite partiellement. Le règne d'Antonin nous en laisse des traces; témoin Pudentilla, femme d'Apulée, qui avait acheté un bien de campagne *tutore auctore* (Apuleii *Apol.*, II, p. 327). Il en est de même de celui d'Alexandre Sévère, le Périclès de la jurisprudence. Ulpien, contemporain de cet empereur, traite de la tutelle des femmes dans ses ouvrages. Enfin Constantin (L. 2, C. Theod., *de tut. creand.*) et Léon virent cette institution céder à l'influence de la religion chrétienne, qui proclamait l'égalité du genre humain. Au temps de Justinien, la tutelle des femme n'était plus qu'un monument historique.

TABLE.

SECONDE PARTIE.